アジア太平洋センター研究叢書―16

アジアの都市共生
21世紀の成長する都市を探求する

出口　敦　編著

九州大学出版会

はしがき

　本書は，2002〜2003年度に㈶アジア太平洋センター（2004年4月に㈶福岡アジア都市研究所に改組）において実施された自主研究プロジェクト8A「アジアの都市における共生社会のビジョン」の成果を取りまとめたものである。それより10年ほど前に遡るが，同センター設立当初にアジア太平洋地域をフィールドとする若手研究助成プログラムにおいて助成した研究者5名に韓国からの研究者1名を加えた6名を召集して本研究プロジェクトは発足した。若手研究助成者のフォローアップ事業としての位置づけもある。参加した研究者は，それぞれの専門分野も研究対象とする都市も異なるが，全体の狙いとして，まずは成長著しいアジアの都市の深層を独自の観点から読み解き，理解するための研究に主眼を置くこととした。アジアの都市は多様であるが，研究フィールドとする各都市の特色を研究者が独自の観点から捉えた研究成果を通じて，各々の都市の歴史認識，居住問題，環境問題，都市成長といった課題の読み方や，今後も続くアジアの都市成長に対する問題意識を明示することが我々研究グループの目的として設定された。

　考えてみると，10年前に我々が若手研究者として助成を受けた当時からアジアの都市は格段にかつ飛躍的に成長を遂げてきた。中でも中国が世界経済の中でこれほどまでに台頭してくることを，10年前に誰が予想していたであろうか。都市が急成長することと連動した弊害も各地で散見される。都市貧困層の増大，農村と都市の経済格差の拡大等，成長の傍らで増幅する都市問題，環境問題，経済問題も顕在化してきている。

　アジアの大都市は，今後ますます拡張し，高密度化していくことが予測されるが，ますます深刻で複雑化する都市問題が内在したまま成長し続けられるのだろうか。当然のことながら，成長の一方で，内在する都市問題にも対処していくこととなるが，近代化の枠組みによる問題解決にも限界がある。

都市には，常に多層を成す生活者が活動しており，都市固有・時代固有のライフスタイルや都市文化への理解なしには，問題の解決は図れない。まずは，我々がすべきこととして，フィールド調査から得られた知見に基づく都市理解へのアプローチが求められる。もちろん，文学，芸術，建築を読み解くことも都市文化理解の一助となり，その読み方を学ぶことで成長の陰にある深層的な都市文化の理解を深めていくことができる。

　更に，どのような方法で，深刻化する都市問題や環境問題を考えていけばよいのであろうか。既に，欧米に習った近代化，合理化の方法だけでは限界があることは明らかである。そこで，本研究プロジェクトでは，近代化の限界を認識する中で見出されてきた古くて新しい考え方として，「共生」の概念に着目し，それをキーワードとして設定することとした。「共生」の概念は多様な分野で使用されているが，人工と自然の共生や，異文化の共生など，異種，異質な組織，地区，人，モノ相互の存在のあり方が，新しい都市社会の形成や都市活動にどのような意味を持つか関心が高まっている。

　本研究プロジェクトは，2002年4月よりスタートしたが，研究者各自の専門分野での都市における共生の概念にアプローチすることを共通の宿題として各自がそれぞれ2回にわたるフィールド調査を進め，それぞれの成果をまとめることとした。

　異種，異質なモノや人が混在するアジアの「都市」を対象にした共生する社会像とは何かという課題へのアプローチを試みることで，混在とは異なる共生の概念にたどり着けるものと考えていたが，特に，今回の研究チームを構成している都市計画，経済・流通，環境政策，公衆衛生，建築，文学のそれぞれの分野において，都市を読み解く面白さと共に，アジアの都市における「共生」の概念の検討を進めると同時に，具体的な対象都市を選定したフィールド調査を進め，共生を意識した都市の見方や都市問題の解決への観点を考えていくこととした。

　研究プロジェクトの最初の議論では，まずは，初歩的な課題として，アジアの都市における「共生」とはどういったところに見出されるのであろうかという問題が議論された。いまや国際的規模での従来の社会システムと価値観の転換期を迎え，欧米型モデルに倣った近代化の過程や制度を見直し，新

しいコミュニティ社会の形成や環境改善の方策が求められている。これまでの排他的，規範的な都市の近代化の方法が行き詰まってきたとの認識の上に立って見ると，一見，近代化以前の不安定で混沌とした状況に見えるアジアの高密度な都市そのものの中に共生社会の原型があったようにも考えられる。私の専門分野である都市計画に関わる点から見ても，熱帯系気候のアジアの都市では人工的な都市環境の中にも，適度な自然や生態系を維持してきたし，郊外にニュータウンを建設して住宅地と職場を分離する近代的な都市計画制度を導入する以前には，一見無秩序に混合しているように見える職住近接の高密度なコミュニティの秩序とそれを支える独自の建築様式を確立してきた。博多のかつての町屋などはその良い例である。もっと大きなスケールで見ると福岡という都市は，博多と福岡という異なるアイデンティティと機能を持った町が共生して発展してきたと言える。

　こうした議論を踏まえ，各研究者が，独自のフィールドを重視した研究を進めていったが，今回の自主研究は，従来の形式とは異なり，参加研究者が各自の研究事項についてそれぞれ独自で調査研究を行い，その後意見交換をするという形式で行った。都市研究にはフィールド調査が欠かせないが，特に本プロジェクトの期間中は，テロの勃発，SARSの影響等もありフィールド調査の計画変更を余儀なくされ，一時は困難を極めた。昨今のフィールド調査は不安定な政情の影響を受け易く，困難を極めることがしばしばある。

　筆者は，第1章にまとめた台湾・台中市での屋台や露店の営業者「攤販」とその攤販が創り出す都市の仮設的空間に関するフィールド調査を行った。当初の予定ではインドネシアの都市を同テーマで調査する予定であったが，テロの影響で対象都市の変更をせざるを得なかった。これまでの台湾研究の蓄積があったことから台湾・台中市を選定し，調査を進めた。特に，福岡とも通じる屋台や露店という対象に興味を持ったのは，近年の国際的な都市計画の課題の一つとして，都市本来が持つ「賑わい」の再生，特に中心市街地の再生が挙げられていることとも関連する。

　第2章以降の各論はプロジェクトの各研究者の方々にご担当いただいた。第2章を担当した王志剛氏（プロジェクトスタート当初は中国・南開大学経済研

究所副研究員で，現在は中国人民大学副教授）は，中国の農業経済と流通を専門に研究してこられたが，今回は都市と農村の関係に着目して天津都市圏とその近郊をフィールドとして分析をされた。第3章を担当した三宅博之氏（北九州市立大学法学部教授）は，バングラデシュ・ダカ市の廃棄物処理問題や環境問題に関して，現地でのNGOの活動等を含めて調査してこられた。第4章担当の松田晋哉氏（産業医科大学公衆衛生学教室教授）は，ドイモイ政策以降，経済成長が進むベトナム・ハノイ市での公衆衛生や労働環境の問題の調査を進められた。第5章担当の李賢姫氏（韓国・暻園大学校副教授）は，建築学が専門であるが，今回は韓国・鎮海市の日式住宅の居住環境や住居史を調査・分析された。第6章担当の新谷秀明氏（西南学院大学文学部教授）は，中国・上海の文学史や芸術に関する調査を進めてこられた。専門分野の異なる各研究者の方々の独自のアジア都市の課題設定と解読の方法，課題へのアプローチの方法については，各章をご覧いただきたい。

　今回の自主研究の成果は，今後のアジアの都市研究を進めていく上で，新たな都市の読み方や観点を提供するだけでなく，都市理解や都市問題解決に向けたアプローチの方法も提示できるものと考えている。アジアの都市の居住環境の改善に関しては，これまでは，近代的な技術を導入したり，近代的施設を建設するなどの物的環境の改善に力点が置かれてきた。しかし，ゴミ問題や環境問題への対応を考える場合でも，多角的，複眼的な観点からのアジアの都市社会の理解が必要である。そうした意味で，今回の研究成果は，それぞれの都市の文化的歴史的背景や政策・制度等の社会的仕組みを理解し，それらと都市問題，環境問題との因果関係をより深化したレベルで解読することに役立つと考えている。また，多角的なアジア都市の理解なしには，効果的な居住環境の改善への支援や貢献はできないと考えている。

　都市理解のスタンスとして，今回のプロジェクトでは「共生」というキーワードを掲げたが，これまでの近代的な合理主義や機能性といった価値観そのものと距離をおいて，アジア都市の将来像を前向きに考えることにも意義があると思っている。また，本書が専門分野単位の単眼的な研究や実践からより学際的なアジア都市研究の必要性を共有でき，新しい学際的な都市研究を進める契機になれば，それも一つの成果だと思っている。本書を通じて，

多様なアジアの都市を読み解き，将来像のあり方を考える研究の観点やアプローチの一端をご理解していただきたい。更に読者の方々のアジアの都市への関心が高まることとなれば幸いである。

　最後になるが，プロジェクト発足から3年が経過して，ようやく本書をまとめることができ，本プロジェクトのメンバーの先生方に心より御礼申し上げたい。また，研究の遂行と本書の刊行に当り，現地調査でご協力いただいた方々，お世話いただいたアジア太平洋センターの方々に心より御礼申し上げたい。同センターの権藤與志夫会長兼理事長（当時）には本プロジェクトのスタート当初からご支援いただき，多くの貴重なご助言をいただいた。同センター（当時）の唐寅氏には，企画や現地調査で多大なお世話になった。厚く御礼申し上げたい。また，何よりも，同センター（当時）の松浦雅子氏には事務手続き，現地調査のお世話から，出版の準備まで辛抱強くお世話いただき，本書の出版までこぎつけることができた。松浦さんにはご心配をおかけしたお詫びとともに心より感謝の意を表したい。

　2005年9月

編著者　出口　敦

目　次

はしがき……………………………………………………………出口　敦　i

序　章　アジア都市へのアプローチ ………………………… 出口　敦　3
　　　　　──多様で多面的なアジア都市を探る──
　第1節　アプローチ（その1）：都市を探る視点と視線 ………………… 3
　第2節　アプローチ（その2）：都市を探る理念 ………………………… 6
　第3節　アプローチ（その3）：都市を探るテーマとフィールド ……… 8
　　1．台湾・台中市の攤販に見る近代都市の活力と管理
　　2．中国・天津都市圏と近郊における流通メカニズムと都市と農村の関係
　　3．バングラデシュ・ダカ市における廃棄物処理問題とNGO等の役割
　　4．ベトナム・ハノイ市における急速な経済成長下での労働環境と公害
　　5．韓国・鎮海市における日式住宅の変容
　　6．中国・上海市における租界都市の芸術・文化と都市の物語

第1章　台湾の都市の活力と攤販…………………………… 出口　敦　15
　　　　　──台中市における攤販と近代都市との共生──
　はじめに………………………………………………………………………… 15
　　1．人を惹きつける夜市の魅力
　　2．攤販とは
　　3．近代化都市における攤販を研究する観点
　第1節　攤販の営業形態 ……………………………………………………… 21
　　1．台中市の攤販と攤販集中区

2．攤販の営業状況
　　3．攤販の営業形態と仮設空間のタイポロジー
　第2節　攤販の空間構成 ……………………………………… 28
　　1．攤販の空間占用と空間構成の類型
　　2．賑わう仮設空間としての特性
　第3節　攤販の営業と許可制度 ……………………………… 32
　　1．市民と社会から見た攤販
　　2．攤販の営業の管理と許可に関する法令
　　3．新たな攤販の管理と対策
　おわりに ──攤販と近代都市との共生に向けて── ……………… 40
　　1．近代都市空間と攤販の共生
　　2．近代都市における攤販の管理

第2章　経済・流通システムにおける共生 ……………… 王　志　剛　47
　　　　──食品安全性における都市と農村の協調の視点から──

　はじめに ………………………………………………………… 47
　第1節　中国における都市と農村の二重構造と
　　　　　農産物流通システム ……………………………… 48
　　1．中国における都市と農村の二重構造
　　2．中国における農産物流通システム
　　　　──天津市青果物流通を事例として──
　第2節　進化ゲーム理論による中国の都市と農村との
　　　　　共生関係の解明 …………………………………… 51
　　　　──公的機関の役割──
　第3節　食品安全の生産と農家の無公害生産技術の選択 …… 54
　　1．研究の背景と課題
　　2．分析方法
　　3．データ分析

4．計算結果
　　5．本節の結論
　第4節　食品安全に関する認知と消費 …………………………………… 63
　　　　　──中国天津市の個人消費者に対する実証分析──
　　1．研究の背景と課題
　　2．食品安全に関する研究の現状
　　3．食品安全選択の過程と特徴
　　4．消費者の食品安全選択のメカニズム
　　5．結　　論
　第5節　ま と め ……………………………………………………… 69
　　　　　──食品安全性における都市と農村との共生に向けて──
　　1．政府の役割
　　2．NGOの役割
　　3．フードチェーン各業者の役割

第3章　バングラデシュ・ダカ市の地域社会における
　　　　環境共生の可能性 ………………………………三宅博之　75
　　　　　──地域社会の社会的諸要素・諸関係に焦点をあてて──

は じ め に………………………………………………………………… 75
　第1節　南アジア諸国の都市廃棄物事情と廃棄物管理にあたっての
　　　　　社会的諸要因 …………………………………………………… 77
　　1．南アジアの都市廃棄物事情
　　2．社会関係資本をめぐる議論
　　　　　──国際協力事業団（JICA）内研究会の成果を通して──
　第2節　南アジアの廃棄物管理上の
　　　　　社会関係資本に関する議論の紹介 ………………………… 80
　　1．J. Beall の廃棄物管理における社会関係資本の分析
　　2．バングラデシュ・ダカ市の廃棄物管理に対する社会関係資本の影響

第3節　バングラデシュ・ダカ市にみる地域社会内・地域社会間
　　　　　における環境共生の可能性 ………………………………… 87
　　　　　──「環境意識・行動に関する地域住民簡易調査」を通して──
　　　1．調査の概要
　　　2．調　査　結　果
　　　3．小　　　括
　　むすびにかえて ……………………………………………………… 109

第4章　ベトナムにおける経済開発と共生問題 ……… 松田晋哉　117
　　はじめに ……………………………………………………………… 117
　　第1節　ハノイの概要 ……………………………………………… 121
　　第2節　ベトナムの都市化とその問題 …………………………… 122
　　　1．都市化の現状
　　　2．都市化に伴う問題
　　第3節　まとめ ……………………………………………………… 128
　　　　　──ベトナムの経済開発に伴う「共生」問題解決のための課題──

第5章　都市居住空間にみる異文化の共生 ……………… 李　賢姫　133
　　　　　──韓国・鎮海市における日式住宅の変容──
　　はじめに ……………………………………………………………… 133
　　　1．背景と目的
　　　2．鎮海（Jinhae/チンヘ）の概要
　　第1節　日本住居文化と韓国住居文化の衝突 …………………… 139
　　　1．日式住宅の流入背景
　　　2．日式住宅とは
　　第2節　日式住宅の現在の諸相 …………………………………… 143
　　　1．日式住宅の分布および居住者の特徴
　　　2．日式住宅の増改築
　　　3．内部空間の持続と変容

4．内部空間の変容の特性と意味
　　5．玄関と戸外空間の持続と変容
　第3節　日式住宅でみる都市住居空間の共生 …………………………… 158
　　1．日式住宅における共生
　　2．現代都市空間における共生
　第4節　異文化の共生 ……………………………………………………… 163

第6章　表現される都市――上海 …………………… 新谷秀明　167
　はじめに …………………………………………………………………… 167
　第1節　租界都市上海 ……………………………………………………… 169
　第2節　日本文学と上海――横光利一 ………………………………… 175
　第3節　中国文学と上海――茅盾，穆時英，張愛玲 ………………… 179
　第4節　新中国の上海――王安憶 ………………………………………… 184
　おわりに …………………………………………………………………… 192

終　章　アジアの都市共生論 ……………………………… 出口　敦　195

あとがき ……………………………………………………………………… 213
巻末資料 ……………………………………………………………………… 215

アジアの都市共生
―― 21世紀の成長する都市を探求する ――

序　章

アジア都市へのアプローチ
――多様で多面的なアジア都市を探る――

第1節　アプローチ（その1）：都市を探る視点と視線

　アジアでは大都市における急速な経済成長と大都市への人，モノ，情報と富の集中が進む一方で，新たな近代化の歪とも言える様々な環境問題，経済的格差の拡大，都市貧困，文化的宗教的軋轢等が，深刻で複雑な都市問題として顕在化し始めている。近年の経済・社会状況の変化の結果，アジア各地で都市への人口集中が進行し，都市の居住環境の悪化や都市貧困層の増大が深刻な問題となっている。加えて，アジア地域には民族・宗教・文化などの多様で複雑な社会的文化的背景があり，問題を一層複雑にしている。一方，そうした居住環境の改善に寄与する方法として，これまでは物的環境の改善に力点が置かれてきた。しかし，文化的歴史的背景や政策・制度等の社会的仕組みを理解し，都市問題・居住環境問題との因果関係を深化して理解しなければ，効果的な居住環境改善への支援や貢献はできないと考えられる。この点において，多角的，複眼的なアジア都市研究の意義と必要性があり，多様な側面を持つアジアの都市を見る視点と視線を定める必要がある。

　都市には，都市を成り立たせている生き生きとした居住者の生活がある。都市研究においても，生活者の存在を見ずして，都市を理解はできないだろう。都市固有のライフスタイルと文化がそこにはある。生活や文化の理解なくしては，都市を理解し，都市問題を解くことはできないのである。都市研究が常にフィールドを持ち，フィールド調査に基づく知見を尊重するのも，都市生活者の視点を重視するからである。都市生活者の日常生活の中にこそ，各都市の社会の特色や都市問題の背景を見出すことができる。

アジアの都市問題を理解するには，まずリアルな都市生活像に視線を向け，その生活像から各々の都市の社会的，経済的背景を知ることである。生活者の観察や調査による生活像に目を向けることで，都市を探る上での主要な知見を体得することができる。労働者や農民の環境や処遇を調査・分析することによって，環境問題や貧困問題の実態を知ることができるし，問題に対応しようとする都市住民や自治組織，NGOらの諸活動と社会的役割を知ることができる。

　都市文化に関連して興味深いのは，都市の急速な経済成長が，一方で都市問題や環境問題を誘発しながらも，その成長の傍らで，華やかな芸術・文化を生み出し，生活環境そのものを文化的な側面から華やかなものとしていることである。更に興味深いのは，近代化を風刺し，批判する力を秘めた芸術・文化をも生み出すほどに，その都市文化が多面性を有していることである。都市成長のエネルギーは，新たな文化・芸術活動を生み出す力となり，その力が時代を映し出す小説，絵画，音楽，建築に結晶化され，新たな価値を持った都市文化が創造される。

　時代性を孕んだ都市を多面的に解読する知的楽しみは，建築学，社会学，人類学，地理学，文学等の分野でこれまでも論じられてきたが，特に，アジアの都市は一口には論じられず，その解読法に正解や正攻法がないほどに，多様性と多面性を秘めた研究対象である。都市の生活や文化が結晶化された建築や文学をテキストとして都市の見えない文脈を読み解くことは，都市理解の一つの有効な方法でもあり，文化的側面からアジア都市を探る一つのツールを我々にもたらしてくれる。

　都市・建築空間の裏に潜む歴史を解読する視点も，都市理解には重要である。都市空間や建築空間には，その空間がどのような必然から如何に使いこなされてきたかといった固有の歴史が刻まれている。都市固有の生活や文化が結晶化したものが都市空間や建築空間であり，空間は時代と共に変容する。その変容の奇跡を辿ることで，当時の生活実態や空間構成の原理へとアプローチしていくことができ，時には都市問題や居住問題の解決の糸口をたどることも可能となる。

　アジアの都市に限ったことではないが，「都市」は生き物である。時代と

共に変容し，成長したかと思えば，衰退もする。特に，現代において成長著しい生き物としてのアジアの都市をどのように専門的視点から読み解き，評価し，将来像に示唆を与えるかが研究会では議論された。アジアの都市を探る各研究者の視点や研究対象は，当然のことながら異なり，一絡げにはできないが，こうした異分野の研究者の相互交流を深めて，一側面から捉えたのでは問題の深層が見えてこない都市問題に複眼的な視点を我々全体で持つことができればよいと考え，本研究プロジェクトを進めてきた。アジアの都市理解を深め，互いに刺激を受け合うことで，各自のアジアの都市研究の視野を広げることができれば，それは今後のアジア都市研究を深化させる力となるはずであるとの思いもある。

　こうした様々な視点から，アジアの都市を複眼的に見ることができると，意味を持つアジアの都市が表層から深層へ，単次元から多次元へとより明解に理解することができるはずである。

　アジア都市の理解のためには，まず一側面だけではない都市を見る複眼的な視点を設定することである。そうした自分なりの視点を獲得できれば，次に都市を理解する上で何よりも重要なことは，フィールド調査の方法である。都市は生き物であり，リアルな都市を自分の目で見定めてこそ，本質にアプローチすることができる。これが都市研究の基本であると考える。都市研究では，データや文献資料を扱うが，フィールドで得た知見と経験から仮説を立て，データや文献を読み解く方向性が見定められていく。

　本書に掲載したアジア都市研究では，異文化，異種，異質なモノや人が混在するアジアの都市に関して，それぞれ固有の文化，歴史，風土を背景とした社会基盤，社会資本の中で暮らしていく生活者やコミュニティを見る独自の視点と，都市計画，農業経済，環境，公衆衛生，建築，文学等の各専門分野独自のフィールド調査の方法と分析手法から，急速に成長する個々の都市の実態を明らかとしていくことを狙いとして各研究者が調査を進めてきた。

　本書のアジア都市研究の成果は，すべて対象都市のフィールド調査と文献調査により得られた知見に基づいており，それぞれの研究方法は専門分野により異なるが，アジア都市を探るアプローチの基本を各章の根底に見出していただけるものと思う。

第2節 アプローチ(その2):都市を探る理念

　21世紀,アジアは,ますます都市が肥大化する巨大都市化の時代となることが予測される。イスタンブールでとりまとめられた国連ハビタットIIのアジェンダに見られるように,これまでと異なり,近年では大都市の成長を自国の経済のエンジンとして捉え,抑制するよりもむしろ拡張をある程度許容しつつ,大都市発展をマネジメントする実践的計画技術や方法論に計画パラダイムがシフトしつつある。アジアでは,経済危機を経験し,21世紀には未曾有の巨大都市化の時代を迎え,都市研究の目標像も大きく転換しつつある。これまでとは異なる都市モデルや計画目標に基づく都市研究への取り組みが要求されてきている。

　もはや,欧米諸国ですら経験したことのないスピードで成長する都市において,合理的な近代化の枠組みでは都市問題の解決に限界が現れつつあり,多文化や生活様式の理解にも苦慮する中,近代的な理論や考え方とは異なる新たな観点が必要とされる。また,国際的規模での社会システムと価値観の転換期を迎え,従来の欧米型モデルに倣った近代化の過程や制度を見直し,高密度で異文化の共存したコミュニティ環境のあり方や官民パートナーシップの参加型まちづくりに関する新しい理論・技術に関する研究は急務である。

　その重要な観点の一つとして,「共生」の概念がクローズアップされている。元来,アジアの都市には,異文化,異種,異質な組織,仕組み,人,モノが相互に依存し,結果調和的な秩序を築いてきた歴史がある。急速な成長の中で,顕在化してきた問題の解決や状況の理解,目指すべき将来像の検討にあたって,どのような「共生」のあり方が求められ,新しい都市社会の形成や都市活動にどのような意味を持つのか改めて見直してみる必要がある。

　しかし,成長期にある都市においては,共生より競争の理念が強く社会を支配しており,競い合うことが美徳とさえ言いかねない風潮にある都市社会の中に入るフィールド調査で,果たしてどこまで「共生」の概念を見出せる

かという懸念もある。

　国際的規模での社会システムと価値観の転換期を迎え，従来の欧米型モデルに倣った近代化の過程や制度を見直し，新しいコミュニティ社会の形成や環境改善の方策が求められており，その意味でも都市を考える新たな理念が求められている。これまでの合理的，規範的な都市の近代化の方法が行き詰まってきた現状を認識するとともに，一見，不安定で混沌とした状況に見えるアジアの都市社会像をこれまでの近代化とは異なる考え方から見つめ直すことが求められている。そこで注目されるのが，アジア都市の社会が抱える古くて新しい秩序として，異種，異質なモノ，人，社会，環境がうまく折り合いながら発展していくイメージの「共生」の概念である。

　また，都市研究には都市を探る理念や規範が必要である。既に，「共生」の概念は，生物学（松田 1995），建築（黒川 1996），文化人類学（片山 2003）等の分野において多数論じられてきたので，ここでは改めて言及しないこととする。本研究プロジェクトでは，こうした既出の概念定義を踏まえながら，それらを都市理解や都市問題の中に参照し，現場でのフィールド調査と具体的な事象や問題を調査・分析する中から，アジア都市が内包する，あるいは目指す「共生」の具体像や意味を明らかとすることを共通の目的とした。アプリオリに与えられる「共生」の明確な概念をあらかじめ持った上で研究に臨むことはしないが，アジアの都市の近代化が抱える諸問題に対し，「共生」の概念を意識して，従来の近代的合理性とは異なる見方や考え方を持つ必要性を共有しながら，研究者がそれぞれ固有の方法で具体的な事象や制度を調査・分析する中から個々の都市像を明らかにすることは，アジア都市理解から都市問題解法への道筋を開くことにつながるはずである。

　本書に掲載の個々の研究は，都市を探る仮説的理念として「共生」を掲げ，具体的な対象都市を選定し，それぞれの都市に対し，都市計画，経済・流通，環境政策，公衆衛生，建築，文学のそれぞれの分野から見たアジア都市の過去と現状，あるいは将来における「共生」の姿を示唆するアウトプットの作成を共通の課題として進めてきた。共生の概念の捉え方や整理の仕方は様々あるが，研究者固有の専門的な視点と問題意識を持って都市像や都市問題にアプローチした各章の内容を通じ，都市を探り，都市問題を考える理

念としての都市における「共生」をアジア都市に関心を持つ読者の方々にも，共に考えていただければと思う。

第3節　アプローチ（その3）：都市を探るテーマとフィールド

　以下の第1～6章の各章は，上述した都市研究の考え方の下に，各研究者が各々が取り組む具体の研究テーマと対象とする都市を設定し，フィールド調査を行った成果をまとめたものである。各々の具体的テーマとその概要は下記の通りであり，各自2回のフィールド調査等を実施し，共生の概念へのアプローチを念頭に置きながら，それぞれの専門分野での都市研究を進めていった。

　都市計画，農業経済，環境，公衆衛生，建築，文学の各分野の6名の研究者が，それぞれ具体の研究対象都市を選定し，その対象都市に対応したアジア都市研究に関わる具体のテーマを設定し，専門的観点と問題意識を持ちながら，フィールド調査を進めていった。

1．台湾・台中市の攤販に見る近代都市の活力と管理

　筆者は，都市計画分野の研究として台湾・台中市の露店や屋台の営業者である攤販を研究対象とし，攤販により創り出される都市の活力と近代都市の管理の問題にアプローチすることとした。屋台や露店群で構成される仮設的空間は，アジア都市共通の特徴と言えるが，台中市を対象として，夜市など近年ますます増加傾向にある仮設的な屋台や露店に関する実態調査を行い，賑わいを生み出していく都市空間構成手法，公共空間の管理等問題や，固定店舗と攤販の仮設店舗の関係等から高密度な都市空間の中での多様な要素が共存する場の意義と課題を明らかにしていくこととした。

　即ち，台中市の都市空間に見られるような，アジアの都市一般の特性として仮設性と柔軟性に着目して，台湾の屋台や露店が集中する地区での一見無秩序に見える空間の構成や，道路の占用等の関連する制度上の課題，および社会的経済的背景との関係に関する調査を進めていった。

日本では，都市再生が全国の都市計画の課題となり，衰退した都市の賑わい創出の方策が模索されているが，本来，アジアの各都市には道路上の市場など近代化の中で排除されてきた高密度に賑わう場があり，そこには仮設的・可変的であることを特色とする柔軟な装置が恒常的な賑わいを形成してきたという共通点がある。台湾の都市には，いまでも多くの市場や仮設的空間があり，若者らのビジネスや就業の受け皿にもなっている実態がある。こうした仮設的空間の担い手達が増加することは，深刻な都市問題の一つにもなっているようだが，都市内に一つの経済を作り出していることを事実として捉えた上で，都市の近代化と非近代的な活力の問題にアプローチしていくこととした。

　仮設的な要素が，恒常的な都市空間や地域社会とどのように折り合いをつけながら運営されているのかといった課題に関心を置きつつ，法的許可を持たない営業形態や仮設的空間のあり方とその近代都市の管理の問題を考えることは，アジアの都市を支配してきた欧米型の近代都市計画を見直す上でも適当な今日的テーマであると考えている。

2．中国・天津都市圏と近郊における流通メカニズムと都市と農村の関係

　巨大国家：中国の動向はアジア近隣諸国はもとより，世界中が注目している。経済のグローバル化の中で，中国はWTO加盟による経済，流通の変革を余儀なく進めることとなるが，その場合の食料流通のシステムには課題も山積しているように見える。第2章では，農業経済と流通を専門とする中国人民大学副教授の王志剛氏が，天津都市圏およびその近郊の農村をフィールドに，生産者への意識調査の統計分析に基づき，農村から都市への食品流通におけるメカニズムを定量的に明らかとすることを試みている。都市部が急成長を遂げる一方で，農村は依然として都市経済の支配下にある。そのような都市（消費者）と農村（生産者）の二重構造の下での流通メカニズムを改善し，農村の発展を促す新たな都市と農村の関係構築に関する考察を進めている。

3．バングラデシュ・ダカ市における廃棄物処理問題とNGO等の役割

　第3章では，バングラデシュ・ダカ市の都市環境問題，中でも廃棄物処理の問題を研究テーマに掲げ，北九州市立大学法学部教授の三宅博之氏による生活廃棄物の処理問題とそれに伴う都市環境問題に関する実態調査を行った成果がとりまとめられている。ダカ市を訪れた人は，誰しもが道路上や都市内のあちこちに溢れているゴミの山を目にし，その悪臭にも悩まされることだろう。三宅氏は，そうしたダカ市街地内のゴミ処理問題を都市問題の最大の課題の一つとして捉え，市内の選定地区における実態と所得階層の異なる住民意識を詳細に調査し，生活廃棄物処理に関わる意識や活動の実態を明らかとした。

　もはや，日本のような近代的な廃棄物処理の仕組みの導入ではおぼつかず，効果的な方策が求められているが，ここでは，個人と地域社会との関係からその問題を捉えている。更に，環境教育や環境政策の取り組みの効果，その中に介在するNGOの役割を明らかにしていき，効果的な環境教育のあり方や，異なる居住者層が相互理解を深めながら問題解決に当る個人と地域社会の関係についての考察を行っている。

4．ベトナム・ハノイ市における急速な経済成長下での労働環境と公害

　第4章では，公衆衛生学，医学を専門とされる産業医科大学教授の松田晋哉氏が，ベトナム・ハノイ市を対象に，悪化する労働環境や公害の実態を明らかとしている。ベトナムでは，市場経済導入政策（ドイモイ政策）後の経済の急速な成長を背景に，ハノイ市を始めとする大都市が活況を呈してきたが，その一方で工芸職人等の労働環境や都市近郊部の大気汚染の問題が顕在化してきている。

　本章では，その実態調査と評価を行い，それらの環境問題の進行の深刻さを把握した上で，経済成長下における対策に関する課題を明らかとしている。ハノイ市に限らず，農村型社会から消費都市型社会に移行する中で悪化する労働環境の改善に向けた対策は，急成長の陰でなおざりにされがちである。本章では，ドイモイ政策に端を発する新たな経済成長を果たした都市型

社会が共同で取り組んで労働環境の改善の問題解決に当るための今後の政策上の課題を明らかとすると共に，市場経済下での都市成長のコントロールの必要性にも言及している。

5．韓国・鎮海市における日式住宅の変容

韓国の都市には，伝統的な居住空間と近代的な居住空間の間での葛藤の過程を経て，西洋型とは異なる韓国型集合住宅を形成し，都市居住の固有な様式を築いてきた歴史がある。第5章では，建築学を専門とする韓国・暻園大学校副教授の李賢姫氏が，韓国・鎮海市を対象として，第二次大戦前に日本人が建設した日式住宅の変容の過程を調査し，その生活空間を韓国人が使いこなしてきた歴史を明らかとしている。

鎮海市には，戦前に日本が建設した地区があり，その地区では西欧型の都市基盤の上に第二次大戦以前に建設された日本の様式の都市住居が今でも残っているが，そうした元来日本の様式に基づいて建設された住居を後に韓国人の居住者が独自の工夫で住みこなし，新しい生活環境を獲得してきた居住の歴史がそこにはある。鎮海の住宅における居住空間と居住様式の分析を通じて，韓国人にとっては異質な空間構成を受け入れつつ，進化してきた住居の変容過程を見ることは，植民地時代を経験するアジアの都市に立地する異文化の居住空間の住みこなし方の一例とも見ることができる。

6．中国・上海市における租界都市の芸術・文化と都市の物語

第6章では，中国文学を専門とする西南学院大学教授の新谷秀明氏が，租界地としての社会基盤の上に発展してきた都市・上海を取り上げ，歴史上の文学作品を題材にして成長著しい都市：上海の過去から現在に至る時代の変遷や都市生活の変化を論じている。上海市は，現在世界で最も注目されている都市と言っても過言ではない。20世紀初頭には植民文化の様相を呈しながらも，強い国際性を備え，文化人が集まる都市としての蓄積を持つ。数十年の歳月の中で目まぐるしく変わっていった時代を背景に上海が描かれている文学作品の分析を通じ，それぞれの時代の表現者が見出した上海という都市における人間性と都市社会を検証し，租界都市として多様な国際文化が共

に生き続けてきた上海の都市像の解読を試みている。

　以上の各章の研究成果では，アジアの都市の実態の把握に留まらず，都市問題解決に向けたあるべき将来像や都市の深層における共生の概念をそれぞれの立場から示唆している。そうした各章での研究成果を踏まえて，終章ではアジア都市研究の成果から得られたアジア都市の共生の概念の整理を試みることとする。

　都市の成長は，その一方で成長の歪とも言える都市問題や環境問題を生み出し，新たな生活様式，文化，芸術を創造する力となる。今後も成長を続けるアジア都市に関する研究テーマは尽きない。都市を見る視点，理念，テーマとフィールドを持ち，アジアの都市を探求する楽しさや難しさを本書を通じて分かち合えればと思う。本書を通じて，多くの方にアジア都市の深層に関心を持っていただければ幸いである。

参考文献
片山隆裕，『アジア太平洋センター研究叢書13　民族共生への道──アジア太平洋地域のエスニシティ──』（九州大学出版会，2003）
黒川紀章，『新・共生の思想』（徳間書店，1996）
松田裕之，『「共生」とは何か──搾取と競争をこえた生物どうしの第三の関係──』（現代書館，1995）

序章 アジア都市へのアプローチ　13

研究対象都市の位置

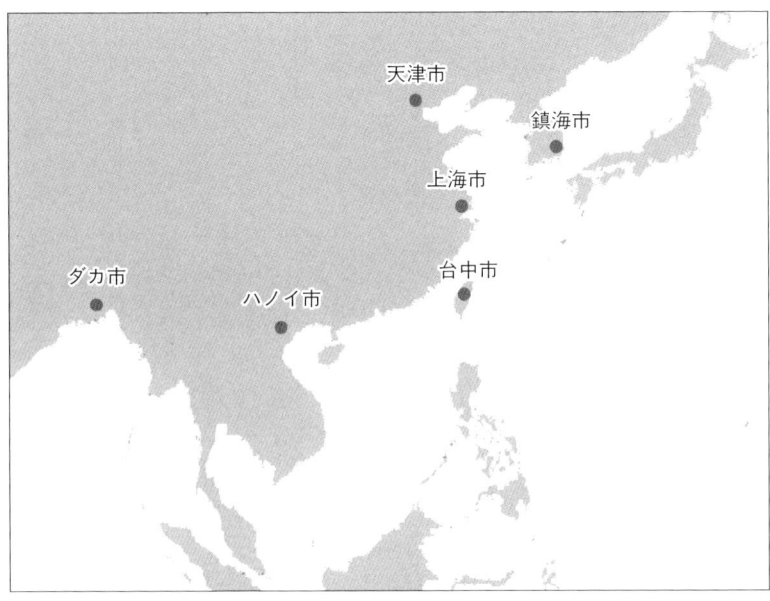

第1章

台湾の都市の活力と攤販
——台中市における攤販と近代都市との共生——

はじめに

1．人を惹きつける夜市の魅力

　台湾の都市では夜市と呼ばれる日常的な「市」に，大勢の人が自然と集まり賑わいを見せている。夜市は，道路や市場の敷地を利用し，一定の区域内に屋台や露店が集積した独特の高密度な空間を創り出す。最近では台湾の夜市は旅行ガイドブックでも紹介され，今では観光客の誰もが一度は訪れてみる観光スポットの一つとなっている。ショッピングや飲食を楽しむだけでなく，高密度で混雑した世界の中に一種の刺激を味わうことができる独特の空間が形成されている。

　台湾をはじめとするアジアの都市では，高密度な環境の下で人々が暮らしてきたが，それぞれの都市には，独特の生活様式や建築様式を脈々と築き，工夫を凝らしながら，高密度な都市環境を住みこなしてきた歴史がある。そうした高密度居住を可能としてきた要因として，限られた空間を簡便で仮設的な設えで使いこなしてきた点が挙げられる。その典型的な例が，屋台や露店であり，道路や公園，あるいは市場の敷地内に仮設的な設えで店を構え，時間限定型で創り出される賑わいの場や一見してつかみ所のない景観をアジア各地の都市で見ることができる（Celik 1994）。しかし，今日の夜市をめぐっては，いわゆるインフォーマルセクターが道路等の公共空間で営業する上での課題があり，そうした課題は，アジアの都市に共通した課題であるとも言える。

かたや日本の都市，とりわけ地方都市の実情を眺めてみると，どうであろうか。日本の都市もかつては備えていた賑わいや生活感を取り戻すために，改めてアジア諸都市のような猥雑さ，活気，個性を再び創り出そうとしても，従来の公共投資に依存する近代都市計画や都市再開発の考え方では，時計の針を逆に回す術をしても難しいだろう。本来の都市活動は高密度な都市環境の中でこそ活性化され，賑わいが生み出される。超高層建築物を伴う都市再開発で集客力を高めることができるのは東京など一部の大都市の更にごく一部の地域だけなのである。

　誰しもが懐かしむかつての活気があった地方都市の姿は，今では人口の空洞化やコミュニティの崩壊などの問題を抱える都市へと姿を変えてきている。都市の衰退が，日に日に深刻化し，「都市化社会から都市型社会へ」という言葉に象徴されるように，右肩上がりの人口増加の時代が終焉を迎え，近代都市計画も転換期を迎えている。今では，如何にして都市に賑わいを取り戻すかが，都市計画の主要テーマとなり，賑わいの創出が近年の都市計画のキーワードの一つとなっている。

　こうした事態を抱えるわが国の多くの地方都市の都市計画を考える上でも，毎晩生き生きとした様相を見せる台湾の都市の夜市は興味深い研究対象である。道路上において繰り広げられる，仮設的な店舗や営業者や来街者の多様なアクティビティによって創り出されている空間構成や空間の独特の使われ方を探ることは，日本でも失われつつある中心市街地の活力を再生する上でのヒントや，空洞化が進み，かつての人を惹きつける魅力を失ってしまった現代の地方都市の再活性化の方策を考案する上でも意味があると考えられる。

　夜市に見られる仮設的な要素は，これまでの近代都市計画では積極的な都市機能を担う要素として評価されず，むしろ排除する対象とされてきた。にもかかわらず，台湾の都市ではむしろ増殖し，実質的な観光資源にまでなっている。筆者が台湾の夜市に着目して研究を始めたのも，一つにはこうしたアジアの都市の賑わいを創り出す活力や，本来の都市が持つ人の集まる魅力を内在する夜市と，それを排除する方向に作用する近代都市計画との間に発生する問題を探求し，近代都市における屋台・露店の役割や意義を再考して

みたいという動機からである（出口 2004）。

　更に言えば、近代化の中で見失ってきた都市本来が持つ「界隈性」と「賑わい」を生み出している屋台や露店といった、近代的都市要素とは異質な都市要素の特徴や都市内での機能を明らかとし、異質なものが共存するアジア的な都市空間や都市社会を、これら夜市の調査研究を通じて再評価することができないかと考えたからである。

2．攤販とは

　台湾では、露天商など路上で営業する固定式あるいは可動式の小型店舗とその営業者のことを一般に「攤販」と呼称する。攤販には、所管機関により許可を与えられた市場外の指定地区において天秤棒を担いで営業する者、屋台あるいは各種の車輌を用いて営業する者を指す「移動攤販」と、所管機関により許可を与えられた市場外の指定された場所において露店を設け営業する者を指す「固定攤販」がある。

　台湾の攤販の起源は昔の農業市場や縁日にあると言われている。現在では商工業が発展し、国民の所得水準も向上したため消費形態も変化してきたが、依然として安価な商品を求める消費者は多く存在する。攤販という営業形態は、低コストである。税金や店舗家賃、設備費等の負担が軽いために、商品を低価格で提供でき、また取り扱い商品や営業場所、時間等が消費者の要求に柔軟に対応できるために、十分な利益が得られるのである。

　その結果、都市の多くの人が行き来する場所に攤販が集まり、夜市が形成され、台湾経済の急速な発展後も淘汰されるどころか、逆にその数は更に増大している。近年では、景気の変動や地震等の天災により生活基盤を失った人々が攤販として営業するなど、増加傾向にあるとも言われている。

　攤販が営業する市場には、市政府が所有する土地に攤販を配置した市場である「公有市場」と、民間が所有する土地に攤販を配置した市場である「私有市場（民有市場）」がある。この他、移動攤販を誘導する適切な市場がない場合に市政府が臨時的に設置する「臨時攤販集中区（場）」があり、これは、正規の市場へと指導していくこととなっている。また、攤販の設備等を「攤架」と呼び、攤販の営業スペースを「攤位（攤舗位）」と呼ぶ。

写真 1-1　台中市の攤販集中区の光景

　「夜市」は，夜間に営業を行っている攤販の集まる市場や商業地区を指す一般的な呼び方である。政府は特に攤販が集まっている市場に対し，「攤販集中区」という呼び方で定義し，管理している。しかし，攤販集中区（写真1-1）には，夜間に営業を行っていない場所が含まれていたり，夜間に営業を行っていても，固定店舗の比重が高い夜市は攤販集中区に含まれていないなど，一般に夜市と呼称される市場と攤販集中区は，必ずしも一致していない。ちなみに本章は，攤販集中区を対象とした調査に基づいている。

3．近代化都市における攤販を研究する観点

　台湾の攤販集中区のように，アジア各地の都市では，様々な業種の屋台・露店が道路や広場といった公共空間に「市」を形成してきた歴史があり，その様式は変わりながらも一部は現代の都市にも継承されてきている。台湾の夜市，攤販集中区を調査することは，人を惹きつける魅力を失いつつある日本の諸都市が本来持ち得ていた人間の欲求や意欲を引き出す根源的な場のエネルギーを体現し，再考する好機と考えて始めた研究であるが，そこで問題となるのは，近代都市の管理の問題である。高度に合理的な都市空間の管理を基本とする近代都市の制度は，法制度や社会秩序の枠に合致しないアクティビティを排除する方向に働く。賑わいを求める都市に近代都市が排除してきたアクティビティを吹き込むことは，近代都市の管理制度との新たな軋轢を生じかねない問題である。

ほとんど例外なく近代的な都市計画を導入したいずれの都市においても，公共空間は行政等の公的な管理者が法制度に基づき管理する空間となっている。商売を行うことは原則禁止となり，営業活動に際しては許可を必要とする。道路という公共空間も公共の交通機能を優先した空間であり，その妨げとなる屋台・露店による道路上の占用は法的な規制の対象として扱われる。そのため，特に道路上を使用する攤販の問題は，公共空間の利用や管理に関わる法制度との関係を抜きには考えられないのである。そこに，近代都市の管理制度と攤販集中区におけるようなインフォーマルセクターとの共生の課題がある。

　一方，近代化都市においても，道路上等の屋台・露店は，路上に賑わう雰囲気を生み出し，人々が交流する生活感の溢れた環境を創り出してきた要素であり，都市には必要な要素であるとの見方もある。上述のように，実際に大勢の来街者や生活者が，夜市を訪れ，ショッピングや飲食を徘徊しながらエンジョイし，夜市を台湾の都市の魅力のひとつとして実感している。では，なぜ，人々は夜市の空間に魅力を感じるのだろうか。商業空間であれば，百貨店や商店街にもある。しかし，そこには何か独特の空間が創られていて，人々はその空間と商業の複合的な魅力に引き寄せられて来ているのではないだろうか。攤販集中区には，一見猥雑に見えるが，刺激的な商業空間を形成している攤販と既存商店との関係など，都市空間形成上における近代都市の構成要素（既存商店や施設）と攤販とが共生している姿を見ることができる。

　そこで，本章では，台湾・台中市を対象都市としたフィールド調査の成果をもとに，台湾の攤販と攤販集中区を都市に賑わいを創り出す仮設的空間のモデルとして見る観点と，公共空間の管理や占用許可等の法制度に関わる観点の2つの観点から近代化都市の中での攤販および攤販集中区の実態を明らかにしていき，攤販と近代都市の共生の問題にアプローチしていくこととする。

　そのために，前半部では，既往の統計資料や筆者らが実施した現地調査に基づき，攤販集中区の空間構成や営業形態を紹介し，どのように独特の空間を形成し，集合して賑わいを創り出しているのかといった空間的な特徴を明

図 1 - 1 台中市の位置

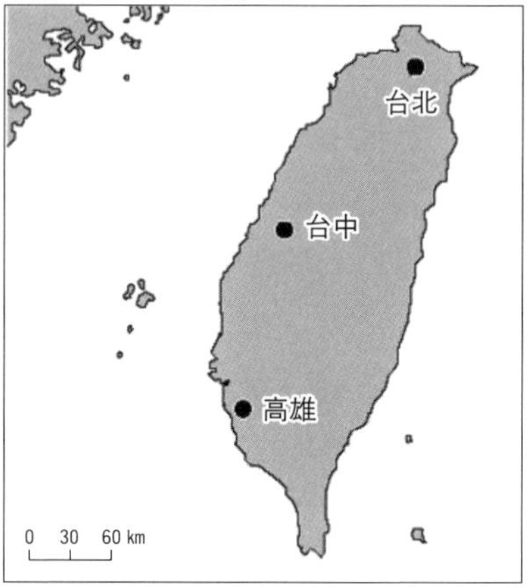

図 1 - 2 台中市の攤販集中区の分布[2]

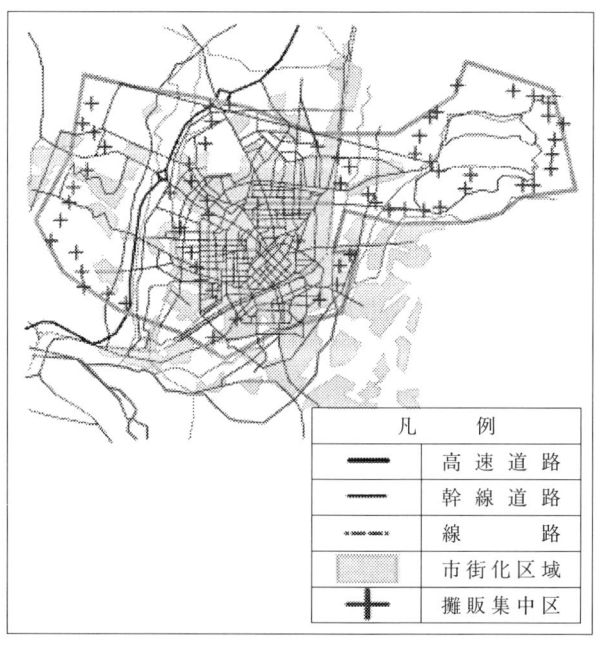

らかとしていくこととする。更に，後半部では，台湾・台中市の市役所および関係機関へのインタビュー調査と文献資料の収集・分析から，社会的状況，関係する法制度や規制等を調査し，攤販による公共空間の占用や管理上の課題を考察していくこととする。

第1節　攤販の営業形態

1．台中市の攤販と攤販集中区

　台湾島は九州とほぼ同規模の面積だが，島の南北に山脈が走り，標高3,997 mの玉山，3,884 mの雪山など3,000 m級の山々が連なっている。人口は約2,200万人であり，1 km²当りの人口密度は600人と日本の2倍近い。本研究の対象都市である台中市は，台湾西海岸地区の中間部に位置し，人口約96万人の台湾第3の都市である（図1-1）。

　中央政府経済部が行った調査[1]によれば，1999年3月現在で，台中市での調査対象の67ヵ所の攤販集中区のうち31ヵ所が夜市という呼称を持つ。正式には，○○夜市というように場所の固有名詞としてのみ夜市という呼称を用いるようである。台中市が把握している攤販集中区の分布図（図1-2）[2]を示すが，この他にも一般的に夜市と呼ばれる市場が存在する。上記の調査[1]によると67ヵ所の攤販集中区の平均集客数は，平日で52,220人，休日で61,490人とのことである。今回，台中市を調査対象都市として選んだ理由は，こうした攤販の多さもあるが，市内に立地する攤販集中区が，台北市ほどに観光化されておらず，市民の生活と密着した存在だと考えられるからである。

2．攤販の営業状況

(1) 攤販数の推移

　やや古いデータであるが，台中市と台北市，高雄市，台湾地区全体の1998年までの10年間での攤販件数の変化を表1-1に示す[3]。1998年まで

表1-1　台中市，台北市，高雄市，および台湾全体における攤販の件数と増減[3]

	台　中　市		台　北　市		高　雄　市		台　　湾	
	件　数	増　減 (％)	件　数	増　減 (％)	件　数	増　減 (％)	件　数	増　減 (％)
1988年12月末	15,736	-	23,568	-	15,498	-	234,335	-
1993年10月末	15,821	0.5	26,040	10.5	17,523	13.1	256,133	9.3
1998年 8月末	16,375	3.5	25,086	-3.7	21,333	21.7	263,290	2.8

表1-2　台中市における攤販の件数調査（1999年2月）[3]

調査対象	公営市場内外周辺固定及び移動攤販	全市内道路の非集中地区の固定及び移動攤販	民営市場周辺固定及び移動攤販	夕方の市場	移動夜市	登録管理地区	合　計
全市合計(場，区)	24ヵ所	8行政区	19ヵ所	20ヵ所	38ヵ所	中華路など特定地区	
調査完了攤販数	2,287	1,260	1,083	840	3,250	624	9,344
見積り数	2,407	4,200	1,274	1,680	5,827	624	16,094
完了比率見積り	95％	30％	85％	50％	55％	100％	

の5年間を見ると，台中市の攤販数は増加傾向にある。1993年までの5年間の増減率0.5％に対して，1998年までの5年では増減率は3.5％である。

台中市において1999年2月に行われた攤販件数調査の結果は，表1-2の通りである[3]。攤販件数の推移には，それぞれの時代の経済的背景や社会状況が大きく影響している。また，1999年9月21日深夜に発生した大地震により台湾中部は甚大な損害を受けた。そうした天災による社会・経済への影響もまた攤販件数の増加の要因となっている。

同データで台中市全体での攤販の件数と合法的に許可を得て営業を行っている攤販の登録地区及び件数を見ると，調査が行われた1999年12月時点では台中市全体で営業を行っている攤販の件数16,094件に対し，合法的に許可を受けて営業を行っている攤販件数は僅か624件（3.9％）に過ぎない。

⑵　攤販の営業者属性

　これもやや古いデータであるが1998年8月末の調査によると，それまでの5年で台中市における男性の攤販営業者数は5.64％増加し，台湾地区全体では10.42％の減少となっている。逆に台中市における女性の攤販営業者は1.35％増加し，台湾地区全体では18.25％も増加している[4]。

　台中市の攤販営業者の学歴程度は中学卒以下が以前から引き続き多いが，近年は，高校卒以上の者が急速に増加している。特に大学卒以上の者は，最近の10年で1.7倍に増加している。

　台中市の攤販営業者の主要な従事理由としては，「経営が比較的自由（簡単）」，「他に適当な就業の機会がない」，「他に生活するための職能がない」の3項目がほとんどの営業者特性において高い値を示している。39歳以下あるいは高校以上の教育程度の営業者では「経営が比較的自由（簡単）」が占める割合が高い。一方で，50歳以上或いは中学以下の教育程度の営業者では「他に生活するための職能がない」が占める割合が他に比べ高くなっている。これは，教育程度が低く技術能力が乏しいために，適当な職業を見つけ転職することが難しい攤販営業者が多いことを示している（出口　2002）。

3．攤販の営業形態と仮設空間のタイポロジー

　攤販集中区の空間構成などの物的特徴を見るために，1999年に台中市が実施した調査の報告書[1]と現地での予備調査をもとに，夜市の構成に違いが見られる逢甲大学周辺の逢甲夜市の3街路（文華路（写真1-2），福星路，逢甲路）と，観光地としても有名である「中華路・公園路夜市」の2ヵ所の攤販集中区の中の5つの街路を選定して，攤販の営業する屋台・露店の配置構成等の実態を調査した。調査対象地区は，いずれの道路も店舗から街路への物品の張り出しと路上営業の攤販によって構成され，大勢の来街者により高密度な賑わいを創り出している地区である。この2地区での実態調査から，攤販の取り扱い商品及び営業形態を整理してみると，以下のように類型できる。

写真 1-2　文華路の午前 10：00（左）と午後 8：00（右）の様子

(1) 攤販が扱う多様な商品

　攤販集中区における屋台・露店の品目は一見したところ多種多様である。調査により確認した限りでは，攤販では主に食品，飲料，青果物，衣料品，アクセサリー，メガネ，雑貨などの商品を販売している。食品として調理販売しているのは，お粥や炒め物，スープ，麺類やテイクアウトできるスナック類や菓子まで多種多様である。また，その材料も魚介類から肉類までと様々である。

　また，台湾の都市ではよく見られるが，道路沿道の一連の中高層建物の道路側1階部分だけを人が通過できる程度にセットバックして，ピロティ状の歩行者通路としている回廊を騎楼空間と呼ぶ。台湾の都市ではこの騎楼空間が連続していることで高密度な都市内の歩行通路の役割を果たし，雨の日でも買い物客は傘を使わずに店舗を見て回れる。台北市内の中心地でも騎楼が連続している街区が多数見受けられ，台湾の都市の特徴ともなっている。

　こうした騎楼空間や固定店舗内を利用し，立食やテイクアウトだけでなく，テーブルと椅子を路上に並べ，食事スペースを確保する場合も多く見られる。人が集まり，賑わいを創り出すには，食料品の販売は不可欠であるが，夜市の攤販でも中心的な役割を果たしている。

　飲料を販売する攤販では，フルーツジュースのみの場合と，それ以外に紅茶，緑茶等も含め 20 種類以上販売している攤販も見られる。日本に比べ1年中様々なフルーツが採れるため，その種類はかなり多い。フルーツを台の

①路上販売型 　　　②リヤカー型 　　　③簡易組み立て台型

④常置型 　　　⑤仮設仕切り型 　　　⑥その他
　　　　　　　　　　　　　　　　（トラックを改造した店舗）

写真 1-3　攤販の営業形態

上にディスプレイしたり，テーブルと椅子を設置して休憩場を提供している攤販も見られる。飲料をテイクアウトし，飲みながら夜市を楽しむ客も多い一方で，回遊する来街者にちょっとした休息の機会を提供するワンストップの役割を果たしていると言える。食品では，果物や野菜を台の上に並べ，一口サイズに刻んで，袋詰して販売している攤販も多く見受けられる。販売している種類は極めて多種である。

　食品の次に多く見られるのは衣料品である。特に，衣料品を販売する攤販が集中して立地する地区もあり，衣類の他にバッグ，靴，ベルト，帽子といった身の回り品も販売している。更に，アクセサリー，メガネも台のみの簡単な設えで販売しているほか，携帯電話用のアクセサリーや化粧品，ハンカチ，玩具から仏具まで幅広い商品を扱っている。携帯電話や腕時計といった小型製品の他に，やや大型の架台を設け，壁掛け時計やラジカセ，オーディオコンポまで販売しているものも見られる。

　更には，ペット，枕や布団，クッション等の寝具，CD，占い，タバコ等

まで多様である。もはや攤販で扱っていない商品はないかのように，一般の商店街で入手できる商品はほとんど攤販でも扱われている。

(2) 攤販の営業形態の類型

更に，現地調査で確認された攤販の営業形態を整理すると，以下の仮設的な店舗形態が見られる（写真1-3）。名称は形態上の特徴を表すように筆者らの研究グループがネーミングした（小倉 2001.3；2001.4）。

① 路上販売型

道路の端や営業していない店舗前に布等を敷き，その上に商品を並べている。朝市において野菜を販売する攤販にこの形態が見られる。

② リヤカー型

車輪の付いたリヤカーで営業する攤販で，取り扱う商品に応じて様々に工夫されている。開店時に営業場所までリヤカーを引いてきて準備をし，閉店時には設備を収納して撤収する。占用面積は約2㎡（約2m×1m）程度で看板やショーケース等も一体的になっており，ある程度の規格化がなされているが，営業者によって若干の違いがある。

③ 簡易組み立て台型

小さな台に商品を並べただけのものから，比較的大きな台と棚を組み合わせたものまで，その種類は様々で営業者の工夫が多くみられる。開店時に台や棚を運んできて組み立て，商品を陳列するものやトランクの中に商品を並べ，トランクを開くだけで営業が開始できるといったものも確認された。閉店時には完全に撤収する形態である。

④ 常置型

設備や見た目はリヤカー型とそう変わらないが，既存店舗の店先や騎楼空間等に常時設置してある攤販である。車輪の付いたリヤカー型がそのまま設置されている場合も多い。開店時には商品や材料を別の場所から運んできて準備を行う。後背地の店舗内を食事スペースとしている攤販や店舗の商品をテイクアウトさせる攤販のように，後背地の店舗との関係がある場合に多く見られる。

⑤　仮設仕切り型

　鉄骨の骨組みを用いてコの字型の仕切りを設けるものである。他の形態に比べ大掛かりなため，設営には時間を要する。コの字型の仕切り面に商品を陳列する。さらに棚や台を組み合わせて商品を陳列する大規模な攤販もみられた。占用面積は約20 m²（約5 m×4 m）と攤販の中で規模的に最も大きい。閉店時には分解して撤収する形態である。

⑥　その他

　朝市において，トラックの荷台を改造し，冷蔵機能を取り付け，魚介類を扱う攤販が数件見られた。また，ジュースを貯蔵したポリタンクの付いたカートを押しながら販売する攤販も数は少ないが確認された。

　逢甲夜市の調査対象街路においては，簡易組み立て台型の比率が51.0％と最も高く，続いて常置型が28.4％を占めている。一方，中華路・公園路においては，仮設仕切り型が49.3％，次いでリヤカー型が34.7％であるのに対し，常置型は1.4％に過ぎず，中華路において2件しか確認されなかった。

　簡易組み立て台型の攤販数が5つの街路中で最も多い逢甲大学周辺夜市の文華路においては，大半が街路の脇に台やテーブルを放置しており，そのうちの一部を朝市と夜市で別の攤販営業者が重複して使用するなど，設備の一部を共有物としているものもある。文華路には，既存店舗と一体化した常置型攤販も数多く存在する。常置型攤販の中には，施錠できるなど常設店舗と同等の存在になりつつあるものも見受けられた。

　その一方，中華路・公園路においては，簡易組み立て型攤販で用いる陳列台などは，騎楼空間の内側や空地の前に片付けられていた。常置型攤販も中華路に見られる3件に過ぎない。最も多くみられた仮設仕切り型は，営業時間外には解体されており，数件の攤販が1ヵ所にまとめて片付けられている。仮設仕切り型攤販によって占用される場所は，夜市が始まる午後5時までは駐車場として利用されていたりもする。

　以上から逢甲夜市の対象街路では攤販の常設化，固定化がより進んでおり，逆に，中華路・公園路においては，営業時間外での占用面積が少ない仮

設仕切り型が多く採用され，1日のうち攤販が道路上を占用する時間が地区ごとに異なり，営業形態や仮設店舗の設えとも関連していることが分かる。

第2節　攤販の空間構成

1．攤販の空間占用と空間構成の類型

　対象とした2つの地区において，攤販が都市空間の中でどのように営業する店舗を配置しているか，周辺環境とどのように折り合いをつけながら，屋台や露店といった仮設店舗を組み立てているかを調べると，以下のようなタイプの類型が見出せた。いずれのタイプも，立地場所の空間特性に応じて，臨機応変に仮設的な店舗を挿入し，決して孤立した存在としての個性を発揮することなく，商業空間の一部として周囲に適応し，馴染んで営業している様子が見受けられる。

　以下は，逢甲夜市および中華路・公園路夜市において見られたタイプである（図1-3）。

図1-3　攤販の空間占用のパタンと空間構成の例

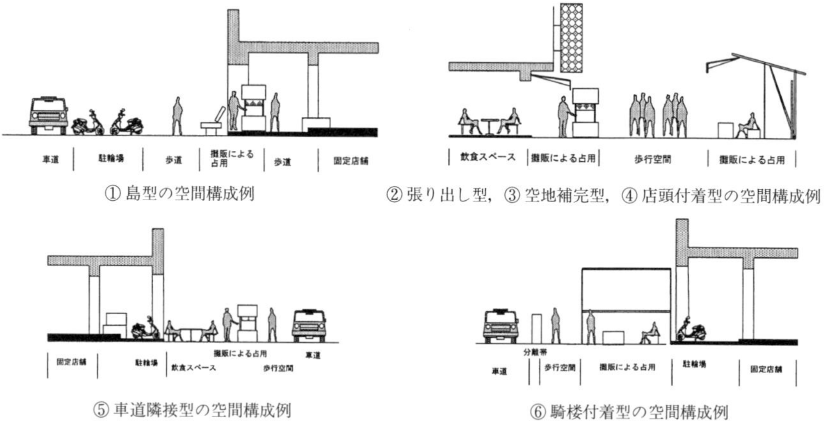

①島型の空間構成例

②張り出し型，③空地補完型，④店頭付着型の空間構成例

⑤車道隣接型の空間構成例

⑥騎楼付着型の空間構成例

① 島型

街路中央部や騎楼空間の柱間を簡易組み立て台型の攤販が占用するタイプである。一部の街路においては，簡易組み立て台型を用いて，必要に応じて占用場所を変えながら営業する。街路中央部に人の滞留が起きるため，夜市来場者の動線に影響を与えやすい。

固定型攤販が騎楼空間の柱間を占用し，騎楼空間の内側を向いて営業している場合，買い物目的の歩行者は騎楼内部の歩道をゆっくりと回遊し，早く移動したい歩行者は騎楼外部を足早に歩く姿が多数見受けられる。

② 張り出し型

常置型攤販を用いて，調理器具を店頭に張り出し，店内を飲食用のスペースとする占用のタイプである。沿道の店舗の面積を拡大するためだけでなく，歩行者の飲食のテイクアウトにも対応した攤販が見受けられるタイプである。

③ 空地補完型

営業していない店舗や塀・壁面の前など，固定店舗の営業と関係ない空間の前面を占用し，攤販が営業するタイプである。攤販が営業する以前には，このような空白地は商業空間としての連続性を分断し，街路の賑わいにマイナスの影響を与えていると考えられるが，攤販が占用することにより，商業空間の連続性が補完されている。但し，文華路の場合では，屋根のかかった駐輪場に夜市が開かれている時間帯でも攤販で使用される台やテーブルが放置され続けているなどの問題も見受けられる。

④ 店頭付着型

空地補完型とは異なり，営業している店舗の店頭を占用するタイプである。衣料品店の前に店で扱っていない時計や眼鏡，アクセサリーを扱う攤販や食品を扱う攤販が占用する事例がこれに当る。食品を扱う攤販が占用する場合，背後の沿道店舗の従業員の食事を賄っている場合も多い。

⑤ 車道隣接型

リヤカー型や簡易組み立て台型の攤販を用いて，車道沿道に幅員約1.5 mの僅かな歩道を残して立地し，車で乗りつけた来街者は，降車せずに車からでも買い物ができるタイプである。歩道がかなり狭まっているためか，所々

に抜け道をつくるように攤販の店舗は配列している。攤販を挟んで車道と反対側にはテーブル，イスが設置されており，飲食用の空間が確保され，沿道を食堂街に一変させる飲食系の攤販のみによって構成されるタイプである。

⑥ 騎楼付着型

騎楼空間の道路側には，建物の柱が並んでいるが，この騎楼空間にはめ込む形で仮設店舗を構える形も，ひとつの典型的な攤販の空間占用のタイプである。この騎楼付着型にも，よく見ると空間の使われ方にいくつかの異なるパタンが見られるが，いずれの攤販も，周囲の環境に最低限必要な配慮を伴いながら，狭隘な騎楼空間に仮設の屋台や露店形式をはめ込むように営業している。騎楼空間内は通常は商店街の歩行通路であるが，攤販が騎楼内で営業を始める時間帯になると，商業空間と歩行空間が一体化した独特の賑わう空間へと変容する（馬場 2001；2002）。

2．賑わう仮設空間としての特性

攤販のたくましいほどの営業形態は，狭隘な通路や高密度な環境に織り込まれるような仮設店舗を配置し，組み立てる。ひとたび攤販群が営業を始めると，一般の街路や商店街であった区域が，独特な賑わい空間へと変容していく。台中市における夜市（攤販集中区）の現地調査と攤販の営業形態や空間構成の類型をもとに，攤販が創り出す夜市の賑わい空間の特徴の整理の仕方には様々な見方があるが（小倉 2001.4；Deguchi 2004），賑わう空間の創出という観点からは以下のような特性を挙げることができる。

(1) 歩行空間の幅員の変化と滞留空間の創出

沿道の商店街の固定店舗からの陳列品の張り出しや攤販の仮設店舗の営業により，一律であった道路幅員が，夜市の時間帯には凹凸ができて複雑な線形に変化し，所々に人が溜まる空間が形成される。単調な空間だった道路上や通路上に来街者が立ち止まり，商品を眺め，会話をするといった滞留空間が散在し，歩行だけでなく，道路上に多様なアクティビティが生まれることとなる。

また，通常の状態では見られない歩行者の分布密度の濃淡を生み出すな

ど，攤販が営業し，歩行空間の幅員が変化することによる空間的密度の変化も夜市の空間的特徴となっている。

(2) 攤販が空地を補完し連続した商業空間を形成

閉店している空き店舗や空地，塀等による商店街の連続性の欠如は，本来，商業空間としての賑わいを減退させる要因であるとされている。しかし，夜市においては，そうした連続性を遮断する空地等の前に攤販が営業し，商業空間の連続性を補完する役割を果たしている。加えて，攤販がその商店街に不足している業種を補っている場合もあり，攤販が既存店舗と共生し，その連続性を補完することで夜市の賑わいの創出に一定の役割を担っている状況がうかがえる。

(3) 道路軸に対して垂直な奥行きのある空間の存在

道路上で営業している攤販は，沿道の固定店舗との結びつきが強い傾向が見受けられる。沿道店舗の店先に攤販を設置し，店舗の商品を販売したり，沿道の固定店舗の空間が，店先の攤販で調理した食品を飲食するための空間となったり，数件の攤販が共同の休憩空間を固定店舗内に設けていたりする。その利用の仕方は様々であるが，こういった道路軸に対して垂直な奥行きのある空間の存在が，歩行者の一方向的な流れとは異なる動きをつくりだし，滞留行動や休息に寄与している様子がうかがえる。

(4) 駐車場等の空間のリサイクル

中華路・公園路では，午後5時以降は駐車禁止の区域を設けることで，昼は駐車場として利用され，夕方以降は攤販が占用する効率の良い公共空間の利用方法を採用している。多くの攤販が，占用時の面積は広いが，営業時間外に場所を取らない仮設仕切り型を採用している。そうした時間帯ごとの道路占用の秩序が明確であり，駐車場問題に悩む台中市においても，結果的に当該地区では駐車車両の規制等に明確なルールを定着させる効果をもたらしている。

(5) 連続性と不均一性によるコミュニケーションの誘発

　道路断面構成等の条件が異なるそれぞれの夜市空間で共通して言えることは，攤販や店舗からの張り出しが道路軸に対し，平行または垂直に連続することにより，街路幅員が狭くなり，かつ不均一な道路空間が形成される。

　夜市においては，攤販や店舗からの張り出しによる占用がなされていない残余空間を歩行者の軸として人が往来する。夜市の営業時間帯には，その高密度な歩行者軸に対し，軸沿いの周縁にヒダ状に人が滞留する滞留空間が分散的に発生し，結果として食事をする，買い物をする，店主と交渉をするなどといった人のアクティビティが歩行者動線軸沿いの縁辺部に発生した独特の歩行環境が生まれる。

　このように，攤販群の営業により道路の歩行有効幅員が全般的に狭まり，歩行空間が高密度化していると同時に，途中に来街者（歩行者）を留めて，コミュニケーションを誘発する滞留可能な空間が沿道に分布している構成が，賑わいの仮設空間の一般的な特性となっていると言える。

第3節　攤販の営業と許可制度

1．市民と社会から見た攤販

(1) 攤販への視線

　攤販は，簡便に始められるインフォーマルセクターの商売であると言える。しかし，近年の攤販の増加傾向の背景には，個人の嗜好を活かした簡便な商売への若者の関心の高まりがある。2003年に民間が学生に対して行った将来の就業に対するアンケートでは，就業希望の業種として攤販がトップであった。若い学生などから見ると，簡単に商売ができ，税金もたいして納めずに済む職業である攤販が現在の経済状況の中では最も人気のある職業となっている。

　しかし，役所内にはこのような状況を鑑み，法的にもきちんと位置づけられていない職業が若者の目標となることは，社会的なモラルの低下をもたら

し，統制のとれない社会を生み出すのではないかとの強い危惧もある。こうした社会の攤販に対する認識も，近年の攤販を厳しく取り締まる条例等が検討されるようになった背景ともなっている。

　一般市民の意見はどうかと言うと，立場によって傾向は分かれている。これまでにも利用者や住民への調査が行われているが（永吉 2001），例えば，台中市が行った台中一中攤販集中区における調査では，周辺の塾などに通う学生（利用者）や，周辺住民以外の市民は攤販の存在に賛成であるが，周辺住民の大半は攤販集中区の存在に反対しているといった意見が出された。反対の理由として，①環境悪化と路上等が汚くなる点，②治安悪化，③交通の悪化，④消防困難となるなど消防安全が確保されない，等の問題点が指摘されているとのことである。

(2) 攤販に関する社会的問題

　台中市政府としては，攤販の存在によってもたらされるマイナスの影響として，以下に示す点を挙げている[5]。

① 公有，民有の各市場，または攤販臨時集中場の周辺に攤販が集中し，市場内の正常な運営及び合法的な攤販の営業の妨害となっている。

② 主要道路，非主要道路，騎楼空間，通路，路地，あるいは店舗や住宅の入り口などを占用し，通行人，車輛の通行を妨害している。

③ 観光地に集中し，歓楽街区の劇場入り口などを汚したり，まちの景観を悪化させている。

④ 毎週1日の定期営業の夜市が交通，環境保護，治安の問題を生じさせている。

⑤ 攤販が常時に道端を占用している。また，攤販権利を譲渡する者や不当な利益を得る者も存在する。もめごとが起こり，社会問題が発生し，公共施設の開設の妨げともなっている。

⑥ 営業設備が不十分で汚れており，環境衛生と消費者の健康への悪影響がある。

⑦ 税金をきちんと支払わなかったり，資金や設備などの運営費用を投入しなくてよい点が，この種の地下経営を生み出し，それは自由平等な競

争の原則に違反している。国家の人力資源，教育資源の浪費を生み出し，商業の経営環境に重大な影響を与えてきた。

2．攤販の営業の管理と許可に関する法令

(1) 攤販の営業管理に関する法令

それでは，攤販の営業の取り締まりや管理する際に関連する法令には，どのような法令があり，それぞれどのように営業されているのだろうか。関連する法令は複数の分野にわたり[3]，交通の安全に関しては「道路交通管理処罰条例」，食品の取り扱いや衛生面に関しては「食品衛生管理法」や「廃棄物処理法」，公共の秩序の維持に関しては「社会秩序維護法」等がある（出口 2001）。福岡市などの日本の屋台の営業に関連する法令としては，道路上の占用許可に関わる道路法，道路上の使用許可に関わる道路交通法，食品を扱う上での許可に関わる食品衛生法があるが，台湾においても同様の関連法令が存在している。

これらの法令は，一般的な規定に攤販の行為が適用されているものであり，攤販を特に対象とした法令というわけではない。しかし，その内容から攤販の取り締まりの根拠として用いられている。

また，上記の4法令とともに，攤販の取り締まりの根拠となっている法令として公共の秩序を維持するための社会秩序維護法や営業税の徴収のための営業税法，商業登記法等がある。

(2) これまでの攤販の営業許可と管理方法

これまでの攤販の営業許可は，「台湾省攤販管理規則」に従って発行されてきた。しかし，2000年調査時点では，交通妨害や景観の悪化等の攤販による問題から新規の許可は発行しておらず，2002年11月の「台中市攤販管理輔導自治條例」施行後は，この条例に従って許可を発行している（2003年12月調査時点）。

ここでは，攤販の許可制度を理解するために，営業許可を発行し，その管理・運用を行っていく上で関係する制度を整理し，後に攤販の管理上の問題点を整理することとする。

台湾省小売市場管理規則[6]は,「経済部が台湾省の小売市場を管理するために」1999年7月1日に施行された規則である。攤販の営業の場である市場の管理に関する規定が明記されている。全44条からなり,市場の定義,公有市場及び私有市場の管理,罰則等が規定されている。市場を管理する機関は,中央政府の経済部,県(市)の各県(市)政府,郷(鎮・市)の各郷(鎮・市)公所である。

市場管理としては,①市場の公共安全の維護,②市場の公共秩序の維持,③市場の食品衛生の管理,④市場の環境・衛生の管理,⑤移動攤販の取り締まり,⑥本部からの公告によるその他の必要な管理事項,を挙げている。

また,本法令では公有市場の攤舗位の賃貸に関する事項や,市場の維持管理として清潔を保持するための事項についても規定している。

次に,台湾省攤販管理規則[7]は,経済部が台湾省の攤販を管理するために1999年7月1日に施行した規則である。全17条からなり,攤販の管理,営業許可,罰則等が規定されている。本規則では,3年間の有効期限,1世帯につき1件との制限つきで攤販の許可や管理が実施されている。また,許可を得た攤販は攤販協会への加入を義務付けている。

更に,攤販が食料品を扱う場合には,前述の食品衛生管理法[8]による許可も得なければならない。本法は,「食品衛生を管理し,国民の健康を維持するため」に1975年1月28日に制定された。現時点で最新の修正は2000年2月9日に行われている。全40条からなり,食品衛生の管理,取り締まり,営業許可,罰則等が規定されている。主管機関は,中央においては行政院衛生処,直轄市においては直轄市政府,県(市)においては県(市)政府とされている。

販売する食品,食品添加物,食品用洗浄剤及びその器具,容器または包装は,衛生基準に適合しなければならないとされ,中央主管機関の公告によって指定した食品,食品添加物,食品用洗浄剤及び食品器具,食品容器または包装は,中央主管機関の検査を経て登録し,かつ許可証の発行を受けなければ,製造,加工,配合,改装または輸入,輸出をすることができないとされている。

(3) 攤販の取り締まりと指導

　移動攤販を合法市場営業に指導するため，長年来，台中市政府は警察局による取り締まりと市場への営業指導を行ってきた。攤販の営業指導に尽力し，市場開設や試行的な運営方式に取り組んできた結果，他県市の注目を集めるに至っている[5]。

　台中市警察局による規定違反攤販の取り締まりは，上述の法令に基づき行われている。1999年1〜12月に取り締まった攤販の件数は合計でのべ22,747件であった。違反のほとんどが交通妨害に関するものである。

　営業指導としては，長年の歳月をかけて，台中市政府は「中徳，東峰，大進，大新」などに公有市場を建設し，松竹，軍功，建功など多数の民有市場を攤販が優先的に市場の営業に参加できるようにしてきた。また，「東光，中義」など2ヵ所の臨時攤販集中区を設置し，その道路の移動攤販を配置し，合計456の攤販を再配置した。

　1999年には，台中市政府は初めてBOT方式で数ヵ所の市場用地（錦村臨時攤販集中市場，崇徳村臨時攤販集中市場，東海市場，東大市場などの5ヵ所を含む）を貸して，民間経営市場が移動攤販の市場営業を指導している。BOT（Build-Operate-Transfer）方式とは，民間企業が資金の調達から建設，運営まで一貫して請負い，借入金返済と出資者に対する配当を実施した後，事業を行政府に譲渡するもので，こうした公的債務を伴わない方式で市場を整備する方式を採用している。

3．新たな攤販の管理と対策

(1) 台中市の攤販問題に対する考え方

　台中市政府経済局は，台中市の将来的な攤販問題に対する政策を台中市攤販輔導現況簡報[4]において示しており，その概要を要約すると，攤販に対する考え方が読み取れる。

　管理する側の課題としては，まず管理と登記の部局が分散していて，一元化されていないといった管理部局の分散の問題を挙げており，攤販の専門部局の設立の必要性を指摘している。加えて，取り締まりのための役所の人員不足や経費不足も課題として挙げられている。担当である市場課ではこの当

時1名の担当者が兼任しているのが現状であり，経費補助と増員が早急に必要であるとしている。

　今後の管理改善の方策としては，「台中市攤販管理輔導自治條例」を定め，攤販の許可証発行と管理の強化を図るとともに，民間資源を活用しながら，「台中市民間投資攤販集中区（段）設置要綱」を定めるなどして，路上の攤販を減少させること，公有民営方式を導入し，「台中市未開発公有市場用地賃貸民間開発法」を定めるなどして，市有土地の利用効果を上げることで，路上の攤販を減少させることを挙げている。

　また，攤販が人々に与えるイメージを改善するためには，「休日市場」を開くなどして地方の特色と文化を備えた攤販集中場を建設すること，台中市の小売市場を撮影し，良い印象の写真を収めて広報する「優良攤販ガイド」を発行することなどにより，市場が人々に与えるマイナスイメージを減少させることを挙げている。

　攤販を厳しく管理するだけでなく，会社による経営，市場容量の増加，攤販の市場営業を誘導し，マーケティングの概念を導入して，「市場報馬仔」即ち台中市の伝統的市場における特徴のある攤販を載せたパンフレットを作成し，市場の知名度及び来客の購買力を増加させるなどの方策も挙げている。

　このように，台中市政府によって提示された今後の課題と方策では，公的な力で攤販を管理していくことの限界を課題として認識している点が読み取れる。その課題を踏まえた上で，むしろ攤販を社会の中で積極的に位置づけ，近代社会の一員として主体性と自覚を持たせた上で管理できる体制や仕組みを具体的に確立していくことを示唆している。指導と取り締まりの連携により，将来的には攤販を管理体制の中に組み込み，交通及び公共の安全に対する悪影響を減少させるとともに，政府，市民，攤販の3つがそれぞれ利益を得，そして快適で，希望ある，静かで穏やかな，落ち着いた新都市の建設を創造していく方向を目指すものである。

　そのための方法としては，これまで以上に民間資金等を活用した市場や攤販の合法的な営業環境の整備を進めようとするものである。

写真1-4 台中市役所でのヒアリング（2003年12月）

(2) **台中市攤販管理輔導自治條例**

　台中市では，市民や観光客に親しまれながらも，近代都市の中の公共空間を使用して任意に営業する攤販の管理上の問題に対して，合法的に合理化及び制度化し，その指導及び管理を行うと同時に，市民の権益を保障するため，明確かつ厳密的な攤販管理方式を制定する必要があるとの考えから攤販の積極的な位置付けと適正な管理を推進していく方針を持つに至り，2002年11月に台中市攤販管理輔導自治條例を施行させた。また，この条例を親条例として，その下に6つの子条例を策定し，2003年4月1日から施行させた。

　当条例は，台中市政府が攤販の設置および管理・運用をより有効とするために，施行した条例である。これまで運用されてきた台湾省経済部施行の「台湾省攤販管理規則」よりも厳密かつ強制力のある攤販の管理，営業許可，罰則等が規定されている。

　特に，これまで運用されている台湾省攤販管理規則と比べて異なる点は，「評価」を加えている点にある。これは，攤販の管理を徹底するために不定期に点検し，違反者には厳しく罰則を適用するとともに，攤販を社会の中で積極的に位置づけ，優良な攤販を表彰するなどしてその自覚を促す目的も含

んでいる。なお，条例施行直後に台中市政府担当課へのヒアリング調査や現地調査を行った（2003年12月，写真1‐4）が，本条例の特色は以下の通りである。

　そもそも，攤販には，個人攤販（リヤカー等でやってくる攤販など）と集団攤販の2つに類別されるが，本条例の全体基本方針として，将来的には個人攤販は固定店舗内で営業すること，集団攤販は集中的な設置と一体的な管理とすることを掲げ，その方針の下に条例を策定している。ちなみに，集合攤販は，60軒以上の集合であることを条件としている。

　更に，先述の課題にも挙げられているように，条例以前でも役所側の管理の負担は大きく，この条例に基づいて攤販の管理業務等を実施することは市役所内部に大変な業務量増が発生することとなるため，条例施行の4月1日から民間業者に管理等の業務を一括して委託することとしている。検査は定期的に警察等と一緒に現地に行き，ルールを守っているかどうかを点検する。頻度は攤販集中区によって異なるが，主だった攤販集中区で検査を実施している。選挙活動などの大型集会のある場所などでも実施することとしている。

　民間業者に委託した最大の狙いの一つは，攤販管理に関連する複数の役所内の部署を調整し，関連部署が合同で検査を行えるようにすることにある。道路管理，環境，消防等の役所内で縦割りとなっている関連部署間の調整を行い，委託業者が日程調整等の準備をして合同で調査に向かうこととしている。

　条例施行後，4〜7月は，広報期間で，条例施行とその内容を広報し，8〜10月は違法行為に対して，警告，指導のみを行い，違反行為に対しても罰金は徴収していない。その後の実行期は少し予定より延びているとのことである。民間業者に委託しているが，条例の執行自身はあくまでも役所が行うものである。検査の準備，結果の報告などが委託業者の仕事である。

　この新条例下での攤販の許可条件は，①自治会が設立されていること，②清掃などの環境整備がきちんと実施されていること，③トイレの設置，テーブルの設置管理など環境面の管理がきちんと実施されていること，④利益の一部を地元地域に還元すること，⑤周辺50m以内の地主等戸籍所有

者（戸籍を登録していない居住者は含まない）の内，60％以上の人からの同意書を取ること，などとなっている。④利益の還元に関しては，具体的な数値割合を提示してはいないが，例えば，周辺の公園の清掃・美化の負担や周辺住民の学生への奨学金の提供などがある。こうして，攤販の自主的な自治組織による浄化作用を基本としながら，一定の条件を満たす攤販は許可し，それ以外は厳しく取り締まる明確な方針の下で，新たな管理をスタートさせた。

しかしながら，攤販の管理問題は政治問題でもある。条例の施行に当ってのそれぞれの社会的立場の見解も異なっている。市役所・区役所としては，法は明快で執行しやすいことが良いとの見解であり，議会は攤販と同じ立場に立つ意見が強く，経済状況が悪い中でなぜこのような取り締まりの強化をするのかといった条例に対する否定的な見解が強いとのことである。近代都市の空間管理，社会との折り合いを求めて，台中市で行った新たな管理方法は，攤販自身の自主管理と合理的な行政管理とを組み合わせ，近代都市社会との共生を目指した試みと言え，日本でも福岡市における屋台指導要綱による管理・許可の取り組みと課題も見出せる。

但し，こうした制度変更の問題は，政治的課題でもあり，唯一の正解がある問題ではなく，流動的である。上述の状況は2003年12月の調査実施時点のことであり，その後に，情勢が変化したとも言われている。2004年以降の攤販の管理に関わる制度等の問題については，今後の調査により明らかとしていくことでご容赦いただきたい。

おわりに――攤販と近代都市との共生に向けて――

1．近代都市空間と攤販の共生

本章では，アジアの都市における「共生」を考える上での対象として台湾の都市・台中市における攤販を取り上げた。台湾の都市の各地で見られる夜市は，一見無秩序に屋台や露店が密集して，高密度な賑わいを自然発生的に

創り出してきたように見えるが，攤販集中区と呼ばれるように，攤販が集中して構成される一体のマーケットであり，その空間構成の中に，周辺環境や文脈に適応した地区固有の営業タイプにその特性と工夫を見ることができる。高層ビルや自動車社会に対応した道路で構成される近代都市の中に，一見，非計画的に集積したように見える攤販集中区は，近代都市の隙間を埋めるような営業方式で，手軽に消費者のニーズに応えながら，不思議なほどに都市ならではのみなぎるほどの活力と人を惹きつける魅力を放っている。

　地区特性や消費ニーズに順応する営業タイプを基本としながらも，飲食からファッション用品まで扱う商品は幅広く，いわゆる第三セクターとしての手軽な起業を求める若者の就業の場ともなっている。

　ミクロに見ても，台湾の近代都市空間の商業空間や住宅地の周囲のそれぞれの地区の道路パタンや空間構成に応じた営業形態を取り，商店街における商店の連続性が途絶えるのを補う役割を果たすなど既存の固定店舗とも相補的な関係を築き，相乗効果をもたらしているように見受けられる。仮設店舗で空地を埋めたり，時間帯により簡便な方法で駐車場の空間を商業空間に一変させる手法は，近代的な空間とそれを使いこなす非近代的な要素が協調して，商業空間としての連続的や商品の豊富さをかもし出している。

　規則正しく同じ規格の商店が並ぶ日本の商店街よりも，隙間を埋める形であふれ出したエネルギーが結晶化したような攤販群が既存商店と共に創り出す恒常的な賑わい環境は，来街者も五感で都市の活気を感じることができる消費環境として，消費者の心理に働きかけ，購買意欲を掻き立てる。近代化が進んだ高層ビル群とその内部のショッピングモールと比べ，本来的な意味での都市を感じさせる環境はどちらであろうかとも思う。

　欧米の近代都市のモデルに基づいて構成された都市空間の中で，攤販の仮設的な店舗，組み立て式店舗や，移動可能な店舗，椅子やテーブルなどには，高密度に空間を使いこなし，自分たちで独自に環境を創り出してきた工夫と知恵が見て取れる。公共空間の無許可占用や安全性に関する問題はあるものの，そこには，欧米の都市のモデルに基づいて進められた近代都市空間の中に，近代都市空間と共生する攤販の姿があり，脈々と生きるアジアの都市住民の知恵とエネルギーが感じられる。

2．近代都市における攤販の管理

　攤販集中区は台湾の都市生活に必要であり，観光や地域経済の一翼も担っており，台湾での都市生活の一部となっているといっても過言ではないだろう。攤販の存在は，台湾の都市ではこれまでも社会の一部としてごく自然に受け止められてきたように見える。

　しかし，その一方で，台中市の例に見られるように，行政は攤販の営業に関連して引き起こされている交通，景観，衛生等への悪影響等の問題を強く認識し，その管理や許可の問題への対応方策を模索している。

　管理者側から見ると現実は厳しく，攤販は依然としてコントロールできないほどに増殖しており，天災や景気の影響だけでなく，若者の攤販としての起業意欲の高まりを背景として，その数は増加傾向にあった。攤販を正規の市場に指導する以外は，強制的に市場外の規則違反攤販の営業を取り締まり，新しい攤販の進出を抑えることも実現には困難な状況である。警察や他の関連部局等の公的力による取り締まりは，現在の攤販数や増加傾向に対してその人員，頻度が不足しており，抑止効果が低く，そこには行政による公的管理の限界も見て取れる。その認識の上に立ち，民間資金を導入した市場の整備や攤販の誘導へと方針を転換する道も考えられ，その政策転換として，台中市では攤販の合法的な許可と，明確かつ厳密な管理方法の構築を目指して「台中市攤販設置管理自治條例」を施行した。

　一方，攤販営業者の側から見た場合，営業者は攤販営業のための許可や公的管理に関する認識が乏しく，実際に手軽に営業を行うことができるとの認識が強いのが実状である。攤販営業が公共空間上で行われる以上，近代都市における公的管理を受けることに関する正しい認識を営業者や利用者が持つことも重要である。同時に，台中市がその取組みの中でその必要性を指摘している通り，攤販営業に係る社会的ルールや許可等に関する教育システムの充実も早急に必要とされる。

　台湾や日本を含めアジアの都市に共通して面白いのは，近代都市化が進む中で，行政主導による近代都市の管理方法を極めて形式的に厳格に維持している点である。台湾の攤販もこれまでその大半は合法的な許可を受けていな

いにもかかわらず，黙認されたような状態で，多くの市民が利用している事実は，その存在が市民生活上は受け入れられていることを示している。日本の屋台も同様のことが言える。福岡市では独自に要綱を作成し，合法的な営業許可を与えるようになったが，国内でも極めて例外的な政策である。

こうした従来の行政主導の厳格な規律に基づく近代都市空間の管理は，非合法な要素を黙認しながらも，公共空間等の管理において一定の効果を発揮してきた。我々が安心して道路を歩けるのもその管理があってこそのなせる業である。しかし，近代化が進むほどに，非近代的な要素が近代都市を補う形で繁殖するのが都市である。こうしたパラドックスをはらむ近代都市における管理の仕組みは，欧米や日本の都市にも共通の課題である。厳しく管理を徹底して，攤販を駆逐し，活力を失ってしまった都市づくりをした結果，賑わいのない空洞化した都市をつくっても意味がない。

オープンカフェ等の仮設店舗を合理的なルールを持って管理する欧米都市（Gehl 2000）に対し，日本をはじめとするアジアの都市は，形式的な管理の仕組みを見直し，行政，民間が相互に連携する主体や地域の自主性を含めた管理の方法を模索していくこととなる（日本建築学会都市計画委員会・都市景観小委員会 1999）。従来の法規と一定基準に基づく膠着的な行政管理の考え方から脱却し，攤販の自主的管理や，民間資金を利用した市場整備，官民による公共空間の維持管理等の仕組みを導入しつつ，杓子定規な近代都市の管理体制より柔軟で有効な管理方法が模索されなければ，安全で快適な環境への改善は進まないかもしれない。

攤販の問題を考えることは，未だ最適解の見えないアジアの近代都市の管理と活力の問題を考えることでもある。

謝辞：調査を進めるにあたっては，台湾の逢甲大学の李素馨教授をはじめとする台中市の地元の方々にご協力いただき，九州大学の南博文教授，同大学大学院の馬場健彦君，郭維倫君，当研究室在籍中に調査を担当した志賀正規君，小倉一平君，松尾桂一郎君らの共同作業で進めることができた。皆様に深謝申し上げたい。

注
1) 中央政府経済部,『攤販集中区経営現況調査報告』, 2000 による。台中市が 1999 年に行った調査結果に基づく。
2) 中央政府経済部,『攤販集中区経営現況調査報告』, 2000 に基づき作成。
3) 台中市政府経済局,『台中市攤販輔導現況簡報』, 2000 より。表 1-1 と表 1-2 の台中市の攤販数が異なるのは調査実施の方法が異なるためと推測される。
4) 台中市政府経済局,『台中市攤販設置管理自治条例(草案)説明資料』, 2000 より。
5) 台中市政府経済局,『台中市攤販輔導現況簡報』, 2000 より。
6) 中央政府経済部,『台湾省小売市場管理規則』, 1999。
7) 中央政府経済部,『台湾省攤販管理規則』, 1999。
8) 張 有忠 翻訳・監修,『日本語訳中華民国六法全書』(日本評論社, 1993) および中央政府経済部,『市場及攤販管理法規』, 1999 より。

参考文献

Celik, Z., Favro, D. and Ingersoll, R., *Streets : Critical Perspectives on Public Space*, University of California Press, 1994

Deguchi, A., Matsuo, K. and Takaki, K., "Asian Street Vendors and Urban Liveliness on Public Streets", *Proceedings of 5th International Symposium on Architectural Interchanges in Asia, Matsue, Japan*, AIJ, AIK and ASC, June 2004, pp. 264-268

Gehl, J. and Gemzoe, I., *New City Spaces*, The Danish Architectural Press, 2000

Kuo, W., Minami, H. and Deguchi, A., "A Study on the Patterns of Street Vendors in East Asian Cities: The Temporal Patterns and Transformations of Street Vendors in the Urban Life of Japan, Taiwan, and Korea", *The 41st IFLA World Congress Proceeding*, September 2004, pp. 460-472 IFLA (International Federation of Landscape Architecture)

小倉一平・志賀正規・出口敦,『屋台・露店が創り出す高密度に賑わう夜市の空間形態に関する研究――台湾・台中市の夜市を事例として――』日本建築学会九州支部研究報告, 第 40 号 3, 2001.3, pp. 285-288

小倉一平・志賀正規・出口敦,『夜市における攤販の占用形態と賑わい空間の構成に関する研究――台湾の夜市と攤販に関する研究(2)――』アジア都市研究, Vol.2 No.3, 2001.4, pp. 13-26, 九州大学アジア都市リサーチコア

台中市政府経済局,『台中市攤販設置管理自治條例(草案)説明資料』2000

台中市政府経済局,『台中市攤販輔導現況簡報』2000

台中市政府主計室,『台中市攤販経営概況調査簡要分析』1999

中央政府経済部,『市場及攤販管理法規』1999

中央政府経済部,『台湾省小売市場管理規則』1999

中央政府経済部,『台湾省攤販管理規則』1999

中央政府経済部,『攤販集中区経営現況調査報告』2000

張有忠 翻訳・監修,『日本語訳中華民国六法全書』(日本評論社, 1993)

出口敦・小倉一平・志賀正規,『台湾・台中市における夜市と攤販に関する制度と課題——台湾の夜市と攤販に関する研究(1)——』アジア都市研究, Vol.2 No.3, 2001.4, pp.1-11, 九州大学アジア都市リサーチコア

出口敦・松尾桂一郎・小倉一平・馬場健彦・南博文,『台中市における攤販集中区の立地と仮設的空間の構成——台湾の夜市と攤販に関する研究(3)——』アジア都市研究, Vol.3 No.4, 2002.3, pp.47-62, 九州大学アジア都市リサーチコア

出口敦,『アジア的都市と屋台の魅力・活力・可能性』fU（エフ・ユー）, No.1, 2004.12, pp.10-15, ㈶福岡アジア都市研究所

永吉智郁代・南博文・李素馨,『利用者から見た台湾の夜市の現状と問題点——台中市の逢甲夜市と中華街夜市を事例に——』アジア都市研究, Vol.2 No.3, 2001.4, pp.27-39, 九州大学アジア都市リサーチコア

日本建築学会都市計画委員会・都市景観小委員会,『海外における都市景観形成手法』1999

馬場健彦・南博文,『アジアの都市におけるにぎわいの構造(2)——台中市逢甲夜市にみる屋台と滞留の場のダイナミクス——』アジア都市研究, Vol.2 No.3, 2001.4, pp.41-55, 九州大学アジア都市リサーチコア

馬場健彦・佐伯静香・小倉一平・南博文・出口敦,『アジアの都市におけるにぎわいの構造(3)——街路上の賑わいと密度の質的多様性——』アジア都市研究, Vol.3 No.4, 2002.3, pp.63-78, 九州大学アジア都市リサーチコア

第 2 章

経済・流通システムにおける共生
——食品安全性における都市と農村の協調の視点から——

はじめに

　今日，さまざまな食料の流通は，世界規模でますます活発化している。このいわゆるグローバリゼーションは，規制緩和の推進すなわち自由化による市場経済化の推進，情報通信技術の発達によってますます加速しており，食料の生産・流通システムの再編が世界的に注目されつつある。

　このような背景の下，消費者の食料需要拡大に伴って，中国の食料生産は大幅に伸びてきている。特に 2001 年 12 月に WTO 加盟後，消費者の質的志向に対応して，食料の生産・流通体制に劇的な変化があった。こうした成長と変動の中で，大都市には人口が急速に集中し，卸売市場，小売市場およびスーパー・マーケットなどからなる流通システムは著しく変貌しつつある。このような流通システムの改編は中長期的に中国ひいては東アジアの経済発展に大きな影響を与えるものになると思われる。

　近年，食料の生産・供給過剰の中で食品安全性確保体制が立てられている一方，食中毒や農薬残留などの事件が多発し，消費者の健康が脅かされている。中国では，都市と農村の所得格差のある二重構造のため，農産物の生産と消費の社会的距離が拡大している。そこでは農産物の生産，流通の段階において食品安全性がますます重要視されつつある。

　本章では，まず，中国における都市と農村の二重構造と農産物流通システムを概観し，次に経済学によく使われるゲーム理論を用いて大都市と農村との共生（共存共栄）関係を解明する。この共生の視点より，急激な経済体制の転換期における生産者の食品安全技術の採用，消費者の食品安全性（緑色

食品（減農薬・減化学肥料の自然食品），減農薬食品及び遺伝子組換え食品など）に対する意識構造を明らかにし政府，企業及び NGO などの役割を都市と農村の二重構造の新しいシステムの中で検討する。

第1節　中国における都市と農村の二重構造と農産物流通システム

1．中国における都市と農村の二重構造

　現代中国経済の最も顕著な特徴として都市と農村の二重構造が挙げられる。この構造の核心を成すのは強制的な居民身分分類（たとえば都市，農村非農業及び農村農業の居民の身分など）の戸籍制度である。1949年の建国時，この制度は未だ確立されておらず，公民の社会流動は自由だった。しかし1957年末，「農村人口の流動を抑制する通達」が公布されて初めて，厳格に戸籍管理を行うこととなり，地方政府に農村人口の流動の管理の適正化が要請された。翌年1959年初頭，「中華人民共和国戸籍登録政令」が全人代より公布された。同政令第10条において，「公民が農村から都市に移住する際は必ず都市労働管理部門の受け入れ証明書，学校の受け入れ書，或いは都市戸籍登録機関が許可した移入書を持参して常住地の戸籍登録機関に申請し，移住手続きを行う」ことが定められた。それ以来，正式に戸籍転出の審査制度と戸籍転入制度が確立され，しかも法規の形で農村戸籍を持つ農村住民の都市への流出を制限しはじめた。二重構造にはこうした戸籍のほか，食料供給制度，野菜や果物などの副食品と燃料供給制度，教育制度，就職制度，医療制度，社会年金制度，労働保護制度，人材採用制度，懲役制度，結婚制度，産児制限制度などが含まれる。このような十数種の制度は現代中国の都市と農村の二重構造をもたらしており，特別大都市（たとえば北京，天津及び上海市）―大都市―中小都市―鎮―郷―村が中国の階層的な社会構造となってきている。

　このような社会構造は50年代から工業と農業に対して異なった政策を実施し，農家から大量の余剰を吸い上げ都市に注入した重工業偏重的な発展を

促進した政策から生じたものである。1978年改革開放政策が出されたにもかかわらず、こうした都市と農村の社会構造の核心となる戸籍制度はいまだに変わっていない。農村は基本的に農産物の生産と供給の機能を担い、都市部は農産物の消費地として物資を受け入れ、農産物の流通、卸売、小売、食品加工の機能を担っている。中国統計年鑑によると、2002年中国における農村部住民の一人当たり純収入は2,476元で、都市住民（7,703元）の1/3に過ぎない。都市部の社会年金や医療保障制度などを考慮すると、都市と農村の一人当たり純収入の比は6：1にもなっている。所得のほか、就職、社会保障、教育、医療などについても農村部は都市部に立ち遅れている。

こうした二重構造は、農家所得向上の困難さから消費・需要の低迷などをももたらしており、中国の経済社会発展に多大な影響を与えている。政府は、このような都市と農村の所得格差の是正・縮小に力点を置いた取り組みに努めている。

2．中国における農産物流通システム
―― 天津市青果物流通を事例として ――

天津市は中国中央政府の四大直轄市の一つで、交通が発達し、港があるため、中国北方の物流センターとしての機能を果たしている。同市では青果物の流通経路が産地、品目により多様である。産地で分けると主に都市近郊と遠隔地をそれぞれ産地とする2ケースがある。

(1) 都市近郊の場合

天津市近郊の区、県産地及び河北省の各産地からの青果物は、主として次のような流通経路を経る。

① 農家が自ら人力三輪車や自動三輪車などの車両で、卸売市場か集市貿易市場（小売市場）に持ち込み、小売業者か消費者に直接売る。
② 農家が青田売りで（或いは産地市場で）仲買人、小売業者に売る。また、これらの業者が市場内の卸売市場、集市貿易市場及び朝市に持ち込んで卸売・小売する。
③ 農家がグループで所有する包装機械で包装し、市内のホテルやスー

パー・マーケットに直送する。
④ 農家が国営野菜公司と結んだ契約に基づき売る。また，同野菜公司傘下の集配センターが国営野菜商店に配送し，さらに国営野菜商店が消費者に小売する。

全体的に見ると，①と②が主要な経路であり，③と④を経由する青果物の数量は少ない。

(2) 遠隔地の場合

都市近郊に比べ遠隔地は，遠くなればなるほど青果物はより多段階の流通業者を経由する。同時にその流通経路も多様かつ複雑になる。たとえば，山東省，山西省，内モンゴル自治区からの青果物の場合には，以下のパターンがある。

① 生産者→産地市場→産地集荷業者→天津市卸売市場→天津市集市貿易市場（朝市，国営野菜商店）→消費者
② 生産者→産地市場→運搬・販売連合体→天津市卸売市場→天津市集市貿易市場（朝市，国営野菜商店）→消費者
③ 生産者→産地集荷業者→運搬・販売連合体→天津市卸売市場→天津市集市貿易市場（朝市，国営野菜商店）→消費者
④ 生産者→運搬・販売連合体→天津市卸売市場→天津市集市貿易市場（朝市，国営野菜商店）→消費者
⑤ 生産者→産地集荷業者→天津市集市貿易市場（朝市，国営野菜商店）→消費者
⑥ 生産者→天津市国営野菜公司傘下の集配センター→卸売市場（集市貿易市場，国営野菜商店）→消費者

このうち，②と③及び④のルートを経る野菜が多く，特に南方（海南省等）の遠隔地からの青果物の場合，ほかの地域より1つないし2つ流通段階が多い。①と⑤のルートを経る青果物は少ない。⑥のルートは端境期にだけ使われるため，それを経る青果物はわずかである。

一般に，天津市では，河北省張家口，山東，内モンゴル，山西，東北，甘粛などの遠隔地からの青果物流通の担い手は，個人生産者や仲買人により自

由に組織された運搬・販売連合体が主である。特に天津市の何庄子と王頂堤卸売市場には，このような運搬・販売連合体が多数存在している。この組織は，青果物の生産活動と買付け，運搬及び販売（卸売）など流通活動が非常に複雑で，生産（買付け）から卸売りまでの全活動を行う生産者や仲買人の個人経営が困難であるため，自発的に分業が進んだことによるものと考えられる。

運搬・販売連合体とは，地縁・血縁などの社会関係で結ばれた個人経営の生産者や仲買人が，合同で出資し，経営管理と労働を共同で遂行するための協同組織である。こうした組織では，分業に基づいて各構成員が仕入，運搬及び販売などの流通諸段階において責任を果たし，その損益を合同で分担して年末にそれぞれ自らの出資額に応じて利益の配当を行っている。こうした運搬・販売連合体は行政機関に登録されておらず，任意協業経営の性格が強いと思われる。

第2節　進化ゲーム理論による中国の都市と農村との共生関係の解明――公的機関の役割――

近年，経済学的分析には進化ゲーム理論（生物的進化の理論とゲーム理論とを合わせたもの）がよく使われている（青木・奥野 1996）。ここに，食品の安全性に関する大都市の消費者と農村の生産者との共生関係を進化ゲームとして表現してみよう。

生産者と消費者が不完全な品質情報の下で取引すると仮定する。生産者は高品質の食品を販売する（H）か，または低品質の商品を販売する（L）という2つの選択肢を持ち，消費者は，食品の購入に先立って品質を調べて購入

表2-1　不完全情報下の取引ゲーム

		生産者	
		高品質（H）	低品質（L）
消費者	調べる（S）	(3, 3)	(2, 1)
	調べない（NS）	(5, 3)	(1, 4)

する（S）か，または品質を調べずに購入する（NS）という2つの選択肢をもっているとする。このとき，取引における双方の利得は表2-1の利得表と呼ばれるもので表される。例えば，消費者が品質を調べて購入し（S），生産者が低品質の食品を販売する（L）場合，消費者の利得は2で，生産者の利得は1となり，表2-1で（2，1）の項で表される。また，消費者がNSで，生産者がLの場合，表2-1の（1，4）の項は消費者，生産者のそれぞれの利得は1と4であることを表す。同様に，（3，3）や（5，3）も消費者および生産者のそれぞれの選択肢の組合せに対する利得を表す。

このようなゲームにおいて，ある選択肢の組合せについて，消費者と生産者がともに自ら選択肢を変えようとしないなら，この選択肢の組合せはゲームの均衡点と呼ばれ，ナッシュ均衡と呼ばれる均衡状態が達成されて，安定的な取引ができるようになる。

しかし，表2-1の利得表を持つゲームにはナッシュ均衡が存在しない。例えば，表2-1から分かるように，消費者にとっては，品質を調べずに高品質の商品を購入できるのがベスト（消費者の利得5）であるが，この場合，生産者が自分の選択肢を変えるだろう。なぜなら，生産者が高品質（H）を提供するとき，消費者は調べずに購入しようとする（NS）が，この時には，生産者が低品質（L）を提供する。ところが，生産者が低品質（L）を提供すると消費者が考えると，消費者は高品質の商品を求めて他の生産者を探す（S）ので，当該の生産者は販売できない。だから，消費者が品質を調べて購入する（S）ならば，生産者は高品質（H）の食品を提供しようとする。

表2-2は4つの選択肢の組合せのどれも不安定要素をはらみ，ナッシュ均衡が達成できないことを示している。

このような，均衡が達成できないゲームに対して，外部（政府や個人）からの介入によって生産者と消費者の両方にとっても有利な方向を協調する必要がある。たとえば，上記表2-1を表2-3に替えれば，良い結果が出てくる。このゲームでは，消費者が調べずに購入し（NS），生産者が高品質（H）を提供する利得の組（5，5）の戦略がナッシュ均衡になっている。

なぜなら，このとき，消費者が自分の選択肢をNSからSに変えても利

表 2-2　不完全情報下の各経済主体利得の変動

消費者選択肢	生産者選択肢	消費者利得	生産者利得	不　安　定　要　因
NS	H	5	3	生産者がLに変えれば利得が4に上がる
NS	L	1	4	消費者がSに変えれば利得が2に上がる
S	L	2	1	生産者がHに変えれば利得が3に上がる
S	H	3	3	消費者がNSに変えれば利得が5に上がる

表 2-3　不完全情報下の取引ゲーム参加者の協調

		生産者	
		高品質 (H)	低品質 (L)
消費者	調べる (S)	(3, 3)	(2, 1)
	調べない (NS)	(5, 5)	(1, 4)

得は5から3に減少する。生産者にしても自分の選択肢をHからLに変えると利得が5から4に減少する。

　上の表2-3は表2-1の下での協調ケースの1つに過ぎない。厳密に言えば，表2-1の利得は現在値合計で，ここにδは将来利得の割引因子（Discount Factor）であり，$0 \leq \delta < 1$である。表2-1のもとで，消費者が調べない（NS）で購入し，生産者が高品質（H）の食品を生産する最低の条件は以下の通りである。

$$V = 3 + 3\delta + 3\delta^2 + 3\delta^3 + \cdots\cdots = 3/(1-\delta) \geq 4$$

　即ち，消費者が調べずに購入し，生産者が高品質の食品を生産した場合の生産者の利得（V）は，消費者が調べずに購入して生産者が低品質の商品を生産した場合の生産者の得た利得（4）以上である。上記の式を解くと，$\delta \geq 1/2$となる。換言すれば，将来利得の割引因子δの値が，$\delta \geq 1/2$という条件を満たすほど将来を重視する主体にとっては以上の不等式が成立するので，協調の効果が出てきており，（5，5）の戦略の組がナッシュ均衡になっている。

　ここに，δは政府や組織，個人の協調費用として理解してもよい。即ち，生産者と消費者の経済行動を共生の方向に導く努力を示している。例えば，

高品質農産物生産への政府の積極的な財政・税制の優遇措置，残留農薬の基準設定，低品質の農産物生産抑制政策などや高品質農産物生産への個人的な努力などが含まれる。

第3節　食品安全の生産と農家の無公害生産技術の選択

1．研究の背景と課題

ここ10年，消費者の多くは集約的な農作物と家畜の生産に関わる食品安全や環境汚染などの問題に関心を寄せており，持続的な食品生産の実行を促進している。有機食品の生産が食品安全や環境保全の目的を遂げることができるのは，有機生産では化学肥料及び殺虫剤，除草剤などの化学薬剤を禁止または部分的にのみ使用するからである。既存の研究では，消費者の有機食品に対する需要は多く，しかも一部の消費者は有機食品を高い価格でも買う意欲を示している（Huang 1996；Xiaoyong Zhang 2003）。しかしながら，消費者に対する調査では，消費者の顧慮により強烈な反応または有機食品市場の拡張までは至っておらず，有機食品の需要に対する予測はあまりにも楽観的なものとなっている（Thompson and Kidwell 1998）。

80年代初頭，有機農産物の生産へと転換した農家はわずかで，有機食品の供給は極めて少なかった。その理由は少量の食品加工と輸送費用の増加にある。小売価格が高いにもかかわらず，農家の手取り価格は依然として低いことが多数の実証研究より明らかにされている（Thompson and Kidwell 1998）。市場の失敗を解消し，有機食品の生産を促進するために，アジア諸国，特に中国において，有機食品生産の階層化（たとえば有機，緑色及び無公害などの農産物に分けられること）及び緑色食品と無公害栽培技術を促進する政策が採用されている。

中国では，1990年緑色食品プロジェクトが実施され，緑色食品基準に従った生産基地に対する審査と認証が行われている。2002年，全国において749社1,239品目の農産物が緑色食品マークの使用権を取得し，2002年

末には緑色食品の企業数は1,756社となり，農産物の許可数は3,046品目までになった。緑色食品プロジェクトが実施されると同時に，有機食品の基準と認証手順は国際食品法典（CODEX），国際有機農産物運動連盟（IFORM）およびEUの基準に基づいて制定された。しかしながら，その規模はまだ小さい。有機食品の階層化と安全な食品の生産を促進するために，中国農業省は2000年から4つの都市（北京，天津，上海，深圳）で無公害農産物の試験を行い，2002年4月29日に国家品質検査検疫総局と合同で「無公害農産物管理条例」を制定・公布，全国的にその実施を広げていった。そのため，中央政府と各地方政府は無公害農産物の生産農家に部分的な財政補塡を支給する措置を取った。2003年7月現在，40地域で無公害食品の運動が行われており，無公害農産物の生産は現代農業の重要な方向性の1つとして重視されつつある（農民日報 2003）。

上述した一連の政策は無公害食品の生産をある程度促進してはいるが，中国において無公害食品の生産に関する問題も依然少なくない。①農家の無公害農産物の生産規模が小さく，収益性が低い，②産地の多くはまだ試験的な段階にあるため，生産量は少なく，品目もわずかである，③供給量が少ないために大ロットで販売することが出来ない，などが指摘されている（農民日報 2003）。従って，ここに次の重要な課題を提起したい。農家が慣行栽培から無公害栽培へと技術転換したインセンティブは何か。この問題を解くために，農家が無公害栽培技術へと転換した要因とその反応を解明する必要がある。

無公害栽培技術への転換についての研究は食品安全の経済学の範囲に属している。食品安全の経済学に関する先行的な研究としては，Antle（1999），Allaire and Boyer（1995），新山（2001）と王志剛（2003）が品質安全の経済モデルの内生要因として食品安全性を取り扱っており，食品安全重視型の社会の到来を予測している。他にも食品安全性に関する研究成果は公表されているが[1]，現在までのところ，中国における農家の無公害栽培技術の採用に至った行動及びその経済要因に対する採用農家の反応については，定量的な分析が行われていない。従って，本節では農家の生産行動のデータを用いて，農家の無公害栽培技術採用をめぐる外部環境と制約条件への反応の分析

を進めてみたい。この研究成果は農家の栽培技術選択を促進する政策の一助になるものと思われる。

まず,モデル化に当たっての前提として次の仮説を立てることとする。現在,慣行栽培技術を使用する農家には,2つの選択肢がある。毎年初頭,対象農家は,前年どれだけ生産したかにかかわらず必ず無公害栽培技術か従来型栽培技術のどちらかを選択する意思決定をしなければならないとする。無公害栽培技術を選択した場合,農家は必ず特定の規定に従わなければならないとする。例えば,化学肥料,除草剤,殺菌剤などの使用禁止あるいは適時適量使用などである。これらの農家は翌年の生産の際に,また改めて選択の意思決定をする。

こうした仮定の下に,本節ではモデルの説明,データとサンプルの特徴を述べた後に,結果についての考察を行うこととする。

2. 分析方法

本節では,ロジット (logit) モデルと所得関数を用いて農家の栽培技術の選択への反応について実証分析を行うこととする。

(1) ロジットモデル

次の一般的な回帰モデルを考えることとする。x_{ij} は説明変数で,y_i^* は独立変数である。

$$y_i^* = \beta_0 + \sum_{j=1}^{k} \beta_i x_{ij} + u_i \tag{1}$$

そのうち,y_i^* は観測できない変数であり,通常,潜在変数 (latent variable) と呼ばれ,ここに観測できるのは以下に定義されたダミー変数 y_i である。

$$y_i^* > 0 \text{ のとき},\ y_i = 1 \tag{2}$$
$$y_i^* \text{ はその他のとき},\ y_i = 0$$

(2)式のうち,y_i^* はある正数でかけると所得 y_i の値は不変である。したがって,(1)式の β の正数倍の範囲内に決まるしかない。ここに一般に Var $(u_i) = 1$ と仮定する。これは y_i^* 値を決定する。(1)式と(2)式の関係か

ら次の式を得る。

$$P_i = prob(y_i=1) = prob[u_i > -(\beta_0 + \sum_{j=1}^{k}\beta_j x_{ij})] = 1 - F[-(\beta_0 + \sum_{j=1}^{k}\beta_j x_{ij})]$$

ここに F は u の累積分布関数である。

u の分布は対称的であれば，$1-F(-Z)=F(Z)$ より下式を得た。

$$P_i = F(\beta_0 + \sum_{j=1}^{k}\beta_j x_{ij}) \tag{3}$$

(1)〜(3)式より観測値 y_i の確率は x_{ij} に依存し，その尤度関数は以下である。

$$L = \prod_{y_i=1} P_i \prod_{y_i=0}(1-P_i) \tag{4}$$

(3)式の F 関数は誤差項 u_i による。u_i の累積分布がロジスティック分布であれば，このモデルはロジットモデルとなる。このとき，

$$F(Z_i) = \exp(Z_i)/[1+\exp(Z_i)] \tag{5}$$

(5)式より $\log\{F(Z_i)/[1-F(Z_i)]\} = Z_i$ を得て，ロジットモデルは以下のとおりである。

$$\log \frac{P_i}{1-P_i} = \beta_0 + \sum_{j=1}^{k}\beta_i x_{ij} \tag{6}$$

この式の左辺は log-odds ratio と呼ばれ，この比率は説明変数の線型関数（Maddala 1992）である。

本節では，y_i は栽培技術を選択したダミー変数を表している。そのうち，無公害栽培技術を採用したとき $y_i=1$，従来型の栽培技術を選択したときは $y_i=0$ である。

(2) 所得関数

栽培技術転換モデルの実証方法には，所得関数 R に対して詳しく説明する必要がある。ここに二次方程式を採用したのは，モデルの実証上の柔軟性と簡便性のためである。しかし研究のためには，パラメータの数を減らす必要がある。毎期の所得関数は技術が変化したとき，発生した転換コストによって補充される。これらの転換コストは，特定に選択された所得関数の中で導入された遅延選択（$d_{2,t-1}$）によってコントロールされている。したがって，所得関数の形式は次の(7)である。

$$R_{kt} = \theta_{k0} + \sum_{j}^{J} \theta_{jk} x_{jt} + \frac{1}{2} \sum_{s}^{S} \theta_{J+s,k} x_{st}^2 + u_{kt} \tag{7}$$

そのうち x_t は無公害技術を選択した時の遅延選択のダミー変数 ($d_{2,t-1}$), 農産物の市場価格, 要素の投入量（土地, 資本と労働力）とその他の影響変数を含めている。所得に影響を与えるその他変数としては, 財政支援のダミー変数, 農業税と費用の負担, 食品安全性に対する関心度及び沿岸部のダミー変数などが用いられる。

3. データ分析

本節で使うデータと資料は, 中国天津南開大学三農学社（学生組織）が2003年の冬休みに実施した「三農問題に関するアンケート調査(A)」の一部である（三農とは農村, 農業, 農民を意味する）。この調査アンケートは南開大学三農問題研究グループが作成したもので, 調査期間は2000～2002年, 対象は農家である。調査の地理範囲は28省87県に及んでおり, これらのデータは農家の栽培技術に対する反応を研究する上で適していると考えられる。なぜなら, まず第1に, この期間中農産物の市場価格は大きな変化を遂げていること（無公害食品の価格は従来食品より2～4倍高い（農民日報2003））。第2に中央政府と各地方政府は無公害生産に財政支援を提供し始めたこと。第3に無公害農産物は従来型農産物と同じ市場の入り口から市場に出されているが, 多くのスーパー・マーケットで無公害商品販売コーナーが設置されていること。第4にこの期間中, 従来の農家の一部は無公害栽培技術へと転換しつつあり, 無公害技術で生産した農家のサンプルを研究することが可能となったことが, その理由として挙げられる。

本アンケートのデータは633サンプルあったが, 一部の調査アンケート結果が不完全であるため, 本節ではそのうち2002年中の比較的完全な210サンプルを選択して分析することとする。なお, そのうち無公害栽培技術を導入した農家は79戸, 従来型栽培の農家は131戸である。また, 同期間中, 従来型栽培から無公害栽培へと転換した農家は14戸で, 転換率は10.7％となっている。これに対して, 無公害栽培から従来型栽培へと転換した農家は3戸で, 転換率は3.8％である。

表2-4　調査農家の主要な特徴（2002年の平均値）

	単位	慣行栽培農家	無公害栽培農家
農業所得	元/戸	4,913.79	7,302.63
耕地面積	ム/戸	4.73	6.51
養豚数量	頭/戸	2.76	4.49
資金投入	元/戸	1,285.71	1,378.05
労働力	人/戸	2.46	2.71
世帯主年齢	歳	43.01	43.59

　今回の調査対象の農家は家族労働が主である。彼らの主な特徴は生産技術別に表2-4の通り整理できる。この表2-4に見られるように，無公害栽培農家の規模平均値は従来型栽培農家のそれよりやや大きい。農業所得に関しては，無公害栽培農家は従来型栽培農家より約50％多く，結果的に無公害栽培は農家所得を向上させているとも言える。

　2002年の農産物の相対価格は，地元で無公害栽培野菜と従来型栽培野菜の平均価格の比で計算されたものである。投入物は耕地（単位：ム，1ム＝0.067ha），養豚数量（頭），資本（生産用機械と建物に使った費用，元）と労働力（雇用と家族の労働力の合計，人）である。そのほか，調査農家の農業税と雑費の負担（元/戸），食品安全の関心度（1～5），財政支援のダミーおよび沿岸部のダミーを説明変数としてモデルに導入することとする。

4．計算結果

　計算結果は表2-5と表2-6に表す通りである。統計上表2-5の係数値には顕著な項は少ないが，同表に見られるように，遅延選択，即ち2001年の無公害栽培技術の選択は2002年のそれに対し1％の統計水準で有意である。前年無公害栽培技術を選択した農家はこの栽培技術をよく知っており，所得も前年を上回っていることから，翌年も無公害栽培技術を選択する意向がある。資金投入は農家の無公害技術の選択に一定のプラスの影響を与えている。これは，資金を大きく投入すればするほど，無公害栽培技術を採用する意欲があることを意味している。また，農家の税金や雑費負担と食品安全関心度が無公害栽培技術の選択へマイナス影響を与えている。前者は一般的

表 2-5　ロジット方程式(6)の計算結果

	線　型　項			二　次　項		
	係　数	標準誤差	t 値	係　数	標準誤差	t 値
常数項	−0.724	4.458	−0.162			
遅延選択 ($d_{2,t-1}$)	2.759	0.420	6.571			
財政支援ダミー	0.238	0.740	0.322			
農産物の相対価格	−0.527	6.131	−0.086	−0.005	2.063	−0.002
耕地面積	−0.026	0.177	−0.147	0.009	0.010	0.893
養豚頭数	−0.018	0.175	−0.103	0.011	0.016	0.644
資本	0.001	0.001	1.249	0.000	0.000	−1.065
労働力	0.008	0.699	0.011	0.028	0.104	0.271
税金雑費	−0.001	0.001	−1.192	0.000	0.000	1.112
食品安全の関心度	−0.467	0.447	−1.043	0.081	0.077	1.052
沿岸部ダミー	0.127	0.444	0.285			

Pearson Goodness-of-Fit Chi Square=110.220
Degree of Freedom=192
Probability=1.000

な予想と合致し，農業税金などの負担が少なければ農家は無公害技術を選択したい，あるいは選択して豊かになることを示している。後者は一般的な予想とは異なり，食品安全の関心度が高ければ高いほど，逆にこの無公害栽培技術を採用したくない方向に働くこととなる。この結果は，おそらく農家生産のインセンティブに関わっていると考えられる。

　表2-6で見られるように，栽培農業全体の所得に対して財政支援ダミー，沿岸部ダミー，養豚頭数及び耕地面積が顕著な影響を与えていることが分かる。具体的に言うと，沿岸部の農家，養豚頭数が多い農家はその栽培所得が多く，これは一般的な予想と合致している知見である。一方，耕地面積の広い農家であると，彼らの栽培所得が減少するが，これは，農家が集約的な栽培に時間が限られているからと考えられる。野菜栽培はその一部で，大部分の耕地に穀物を栽培せざるをえないが，穀物の市場価格が低迷すると，その所得が減少していくと考えられる。

　同表でも，従来型の栽培の所得と無公害栽培の所得に影響を与える重要な説明変数を判別することができる。従来型栽培技術が採用された場合，財政

表 2-6 所得関数の計算結果

	栽培全体の所得		慣行栽培の所得 (R1)		無公害栽培の所得 (R2)	
	係数	t 値	係数	t 値	係数	t 値
線型項						
常数項	7,234.5228	0.9191	3,190.6936	0.3392	25,737.4939	0.8043
遅延選択 ($d_{2,t-1}$)	1,217.1954	1.5356	2,697.7910	1.0090	1,145.8292	0.6932
財政支援ダミー	6,329.2822	4.8450***	7,086.3740	3.0139***	5,891.1940	2.9829***
農産物の相対価格	−9,603.6209	0.9264	−8,146.7569	0.7019	−44,153.4938	0.9003
耕地面積	−539.1888	1.6821*	287.0075	0.6645	−1,201.1022	2.1308**
養豚頭数	634.8607	2.3768**	728.4278	1.6486*	1,241.8933	2.4512**
資本	−1.5607	1.3901	−1.9050	1.2468	−1.3432	0.6851
労働力	2,118.1194	1.5107	4,858.8293	2.1260**	3,740.4717	1.5069
税金雑費	0.4989	0.5606	−0.2942	0.2606	0.5097	0.2460
食品安全の関心度	−1,034.5076	1.2461	−2,520.8294	2.4370**	999.2017	0.6465
沿岸部ダミー	2,885.2931	3.6915***	2,314.2370	2.2949**	3,343.7572	2.3057**
二次項						
農産物の相対価格	7,298.4287	1.0739	6,013.0038	0.8109	32,792.2895	0.8899
耕地面積	69.7375	2.1888**	−26.4777	0.4865	140.9913	2.3933**
養豚頭数	−76.2586	2.2394**	−200.4604	1.9547*	−121.4388	2.1454**
資本	0.0010	1.5010	0.0015	1.6650*	0.0006	0.5533
労働力	−520.9661	1.2325	−1,502.2374	1.9842**	−951.1689	1.3567
税金雑費	−0.0001	0.5941	0.0001	0.1994	−0.0001	0.2504
食品安全の関心度	493.1919	1.7258*	1,005.9427	2.8437***	−187.9320	0.3403
サンプル数	210		131		79	
決定係数	0.3186		0.2593		0.4404	
修正済み決定係数	0.2563		0.1448		0.2764	
相関係数	0.5644		0.5092		0.6636	
修正済み相関係数	0.5062		0.3805		0.5257	
Durbin-Watson ratio	1.6421		1.8321		1.9231	
赤池 AIC 値	4047.9400		2517.0825		1541.6663	

(注) *，**，***はそれぞれ10％，5％と1％統計水準に有意。

支援ダミー，沿岸部ダミー，養豚頭数及び労働力が農家の所得に顕著な影響を与えることが分かる。前の3つの影響要因は栽培農業全体の所得の場合と同様である。慣行栽培の所得に対しても労働力がプラスの関係にあり，労働力が多ければ多いほど所得は多くなる。労働力は従来型の栽培（特に集約的な野菜栽培）に対し，大きな役割を果たしていることがわかる。

無公害栽培を採用した場合，財政支援ダミー，沿岸部ダミー，耕地面積及

び養豚頭数による，その所得に対する影響が顕著である。これは上述した栽培農業全体の場合の結果と同様である。栽培所得に対し，耕地面積はプラスの影響，養豚頭数はマイナスの影響を与えている。現在，無公害栽培技術普及の初期にあり，大部分の農家は試験的な栽培のため栽培規模が小さく，流通経路が確保されていないため所得が限られており，規模の経済がいまだ形成されていない。それに加えて，市場上での偽装無公害食品が多く，食品品質安全に関する政策は改善される余地がある（農民日報 2003）とも言える。

5．本節の結論

本節では所得とロジットモデルを用いて，中国における農家の栽培技術採用の意思決定を分析した。結論として経済的インセンティブが農家の栽培技術の選択に重要な役割を果たしていることが判明した。農産物の相対価格，投入物の数量及び財政支援は農家の栽培技術採用に決定的な役割を果たしている。農産物の相対的な価格の引き下げ，税金・雑費の減少及び財政支援は農家の従来型栽培から無公害栽培への転換を加速させることが分かる。

また，従来型栽培に従事する農家の中で，大規模な農家より小規模な農家のほうが無公害栽培技術へと転換する意欲があることが判明した。これは，農家の無公害栽培技術採用に関する政策とその制約条件が逆選択（adverse selection）を促していることを示している。換言すれば，現在の無公害栽培技術採用をめぐる外部条件は，大規模な農家より小規模な農家の技術転換をより誘導していることが判明した。これは北欧の経験とは正反対である（Pietola and Lansink 2001）。

そのほか，本節では，農家の栽培技術採用への食品安全関心度の影響をも分析したが，食品安全関心度は農家の栽培技術採用を促進しておらず，逆にマイナスの影響を与えることを示す結果となった。これは農家の心理的変化の側面を表しているとも言え，食品安全関心度よりも経営収益性を重視して栽培技術を採択していると考えられる。

第4節　食品安全に関する認知と消費
——中国天津市の個人消費者に対する実証分析——

1．研究の背景と課題

次に，食品安全に関する消費者の関心と食品選択に関する分析を行うこととする。天津市を分析の対象とし，筆者のアンケート調査により得られたデータをもとにした。本調査は，南開大学允能創業互助会が2002年4月に天津市鞍山西道家楽福スーパーにおいて無作為抽出法で289名の消費者に対して行ったものである。

本節では，まず食品安全問題に対する在来研究の紹介を用いて本研究の目的と意義の位置付けを確認し，次に横断面統計分析を用いて時間順に個人消費者の安全食品選択過程と特徴を分析する。さらに食品安全消費行為決定モデルを用いて食品安全選択実現のメカニズムに対して計量的分析を行い，最後に本節を総括し政策的提案を提起することとする。

2．食品安全に関する研究の現状

食品安全に関する経済学的研究は1960年代から始まったが，大衆が食品安全と健康問題に広く注目するようになったのは1980年代からである。1987年アメリカのコネティカット大学食品販売政策センターでは，「個別戦略，公共政策と食品部門の業績」地域研究プロジェクトNE-165が設置され，食品品質安全問題に対して組織的に調査研究が行われた。研究成果は『食品安全性の経済学』として1990年に出版された。日本では1990年代になってから食品の安全性問題が広く重視されるようになり，学術的な研究もその時期から始まった。1990年，九州大学教授甲斐諭をはじめとする研究グループが世界の各国食品安全システムの比較研究，GMO，有機食品とHACCPシステムの現状及び問題などを含むいくつかの研究成果を発表した。彼らは食品加工生産が生産コストの競争から食品品質安全面での競争に移り，品質安全の時代を迎えていると指摘した。

中国の食品安全経済学的な研究は緑色食品から始まった。最も多いのは指導者や研究者が会議や出版物に発表した論文である。彼らは全体的に食品品質安全の重要性を述べ，先進国と政策面での比較を通じて中国の食品安全の発展の方向性を取り上げている（劉連馥 1998，李里特 1997）。理論的には謝敏等（2002）が食品安全管理システムに対して分析を行っているが，個人消費者の食品安全に対する反応には未だ実証的分析が行われていない。

そこで，本節で初めて中国における個人消費者の食品安全性に対する反応の分析に取り組み，解釈を行うこととする。調査は食品品質安全に関する一連の問題への取り組みだけではなく，経済，社会，教育などの多方面の問題も取り扱い，反映させるようにしている。消費者理論の研究にあたって，本節の研究成果は中国の食品安全面の研究内容をさらに豊富に彩るものと考えている。

3．食品安全選択の過程と特徴

(1) 消費者の食品品質安全問題に関する関心度の変遷

伝統的なミクロ経済学の関連消費者分析の中では，所得と価格が消費を決める重要な要因であるとされている。しかし，個人の生活環境（生存環境，文化的，社会的要因）や消費者としての属性が個人消費に及ぼす影響は無視できないものであり（片山 1996），この分析でも消費者の環境を基本に研究を始めることとし，まずはクロス分析から研究を進めていった。

表2-7は個人消費者の属性別に見た食品安全問題への関心度に関する集計結果である。同表から見出せるように5年前と現在そして5年後の時間順で比較して見ると，消費者の現在の関心度は5年前に比べ著しく高くなっている。しかし，今後5年先の予測では停滞か下降の傾向を見せている。理由としては，消費者の将来に対する確信できない憂慮や消費傾向の不安定性が考えられる。

年齢層でみると，20歳以下は5年前の時点では比較的関心度が低く，現在，5年先は他の年齢層と同程度となっている。中年層は現在の関心度が高く，40〜59歳代では100％の人が関心を持っている。収入（月給）別では，500元以下の所得層は5年前も関心度が低いが，その後の関心度の上昇も遅

表 2-7　食品品質安全問題に対する個人消費者の関心度の傾向（2002 年実施）

(単位：人，％)

		5年前の関心度		現在の関心度		5年後の関心度		
		関心を持ってない	関心を持っている	関心を持ってない	関心を持っている	関心を持ってない	関心を持っている	不明
全体 (289人)		73	216	10	279	12	273	4
性別	男性 (119人)	25.21	74.79	5.04	94.96	5.04	93.28	1.68
	女性 (156人)	25.00	75.00	2.56	97.44	3.85	94.87	1.28
	不明 (14人)	28.57	71.43		100.00		100.00	
年齢	20歳以下 (43人)	32.56	67.44	4.65	95.35	13.95	86.05	
	20-39歳 (166人)	24.70	75.30	3.61	96.39	2.41	96.99	0.60
	40-59歳 (51人)	21.57	78.43		100.00	1.96	96.08	1.96
	60歳以上 (16人)	18.75	81.25	12.50	87.50	6.25	81.25	12.50
	不明 (13人)	30.77	69.23		100.00		100.00	
月給	500元以下 (95人)	24.21	75.79	8.42	91.58	6.32	91.58	2.11
	500-999元 (65人)	32.31	67.69	1.54	98.46	1.54	98.46	
	1,000-1,999元 (67人)	19.40	80.60		100.00		98.51	1.49
	2,000元以上 (13人)	15.38	84.62		100.00		100.00	
	不明 (49人)	28.57	71.43	2.04	97.96	10.20	87.76	2.04
学歴	小学校 (6人)	50.00	50.00	33.33	66.67	33.33	66.67	
	中学校 (29人)	31.03	68.97	3.45	96.55	6.90	89.66	3.45
	高等学校 (67人)	28.36	71.64	1.49	98.51	1.49	95.52	2.99
	大学 (165人)	21.82	78.18	3.64	96.36	4.24	95.15	0.61
	院生以上 (9人)	22.22	77.78		100.00		100.00	
	不明 (13人)	30.77	69.23		100.00		100.00	
住居環境	都市 (265人)	24.15	75.85	3.02	96.98	3.40	95.09	1.51
	農村 (10人)	50.00	50.00	20.00	80.00	30.00	70.00	
	不明 (14人)	28.57	71.43		100.00		100.00	
仕事状況	皆勤 (135人)	18.52	81.48	1.48	98.52	3.70	94.07	2.22
	半日勤務 (20人)	55.00	45.00	10.00	90.00	5.00	95.00	
	仕事がない (109人)	24.77	75.23	5.50	94.50	4.59	95.41	
	不明 (25人)	40.00	60.00		100.00	4.00	92.00	4.00
喫煙状況	喫煙 (58人)	18.97	81.03	5.17	94.83	6.90	91.38	1.72
	喫煙をしない (218人)	26.61	73.39	3.21	96.79	3.21	95.41	1.38
	不明 (13人)	30.77	69.23		100.00	7.69	92.31	
ビタミン摂取状況	摂取 (200人)	24.50	75.50	3.50	96.50	5.00	93.50	1.50
	摂取をしない (69人)	24.64	75.36	4.35	95.65	2.90	95.65	1.45
	不明 (20人)	35.00	65.00		100.00		100.00	

（資料）筆者がアンケート調査によって整理・作成。

表2-8 緑色食品と遺伝子組換え食品に対する個人消費者の認知・購買の傾向

(単位:人,%)

		緑色食品						遺伝子組換え食品					
		認知度			買ったか否か			認知度			購買意向		
		知っている	知らない	不明	買ったことがある	買ったことがない	不明	知っている	知らない	不明	買いたい	買いたくない	不明
全体 (289人)		273	14	2	241	41	7	139	144	6	150	119	20
性別	男性 (119人)	95.8	4.2		80.7	18.5	0.8	56.3	42.9	0.8	52.9	43.7	3.4
	女性 (156人)	94.9	5.1		87.2	11.5	1.3	41.7	57.7	0.6	55.1	42.3	2.6
	不明 (14人)	78.6	7.1	14.3	64.3	7.1	28.6	50.0	21.4	28.6	7.1	7.1	85.7
年齢	20歳以下 (43人)	97.7	2.3		88.4	11.6		65.1	34.9		60.5	39.5	
	20-39歳 (166人)	96.4	3.6		86.1	12.7	1.2	48.2	51.2	0.6	55.4	41.6	3.0
	40-59歳 (51人)	90.2	9.8		78.4	19.6	2.0	39.2	60.8		49.0	49.0	2.0
	60歳以上 (16人)	93.8	6.3		75.0	25.0		31.3	62.5	6.3	43.8	43.8	12.5
	不明 (13人)	76.9	7.7	15.4	61.5	7.7	30.8	46.2	23.1	30.8		7.7	92.3
月給	500元以下 (95人)	95.8	4.2		86.3	12.6	1.1	56.8	43.2		64.2	35.8	
	500-999元 (65人)	92.3	7.7		75.4	23.1	1.5	38.5	60.0	1.5	46.2	49.2	4.6
	1,000-1,999元 (67人)	95.5	4.5		91.0	7.5	1.5	47.8	52.2		40.3	55.2	4.5
	2,000元以上 (13人)	100.0			69.2	30.8		61.5	30.8	7.7	53.8	38.5	7.7
	不明 (49人)	91.8	4.1	4.1	81.6	10.2	8.2	40.8	51.0	8.2	51.0	22.4	26.5
学歴	小学校 (6人)	50.0	50.0		83.3	16.7		33.3	66.7		33.3	66.7	
	中学校 (29人)	86.2	13.8		72.4	24.1	3.4	20.7	79.3		44.8	51.7	3.4
	高等学校 (67人)	95.5	4.5		80.6	17.9	1.5	35.8	64.2		59.7	37.3	3.0
	大学 (165人)	98.2	1.8		89.1	10.3	0.6	58.2	41.2	0.6	55.2	42.4	2.4
	院生以上 (9人)	100.0			66.7	33.3		55.6	33.3	11.1	44.4	44.4	11.1
	不明 (13人)	76.9	7.7	15.4	61.5	7.7	30.8	46.2	23.1	30.8		7.7	92.3
住居環境	都市 (265人)	96.2	3.8		85.3	13.6	1.1	48.7	50.6	0.8	54.3	42.6	3.0
	農村 (10人)	70.0	30.0		60.0	40.0		40.0	60.0		50.0	50.0	
	不明 (14人)	78.6	7.1	14.3	64.3	7.1	28.6	42.9	28.6	28.6	7.1	7.1	85.7
仕事状況	皆勤 (135人)	94.8	5.2		86.7	12.6	0.7	49.6	50.4		51.1	45.2	3.7
	半日勤務 (20人)	85.0	15.0		80.0	15.0	5.0	40.0	50.0	10.0	50.0	45.0	5.0
	仕事がない (109人)	97.2	2.8		80.7	18.3	0.9	50.5	49.5		56.9	40.4	2.8
	不明 (25人)	88.0	4.0	8.0	80.0	4.0	16.0	36.0	48.0	16.0	36.0	20.0	44.0
喫煙状況	喫煙 (58人)	89.7	10.3		74.1	24.1	1.7	36.2	63.8		46.6	44.8	8.6
	喫煙をしない (218人)	96.8	3.2		87.2	11.9	0.9	51.8	47.2	0.9	56.0	42.2	1.8
	不明 (13人)	76.9	7.7	15.4	61.5	7.7	30.8	38.5	30.8	30.8	7.7	7.7	84.6
ビタミン摂取状況	摂取 (200人)	95.5	4.5		87.0	11.5	1.5	50.0	49.0	1.0	59.0	38.5	2.5
	摂取をしない (69人)	94.2	5.8		78.3	21.7		47.8	52.2		42.0	55.1	2.9
	不明 (20人)	85.0	5.0	10.0	65.0	15.0	20.0	30.0	50.0	20.0	15.0	20.0	65.0

(資料) 筆者がアンケート調査によって整理・作成。

れている。学歴でみると，小学校卒，中学校卒の層は比率が低く，その関心度は現在になり増加したものの，小学校卒の層の関心度は依然として低く，学歴による関心度の違いを示している。居住環境では，都市居住者の関心度の増加が比較的高く，農村住民の関心度も増加しているものの，未だに漠然とした態度が多い。業務状況との関係から見ると，半日勤務層の関心度の増加が最も著しかった。

(2) 消費者の緑色食品に関する認知と購買の特徴

表2-8に示す通り，消費者の緑色食品に対する認知度と遺伝子組換え食品に対する認知度の傾向は異なっている。消費者の緑色食品に対しての認知度は全体的に高く，80％以上になっている。小学校卒の学歴層と農村居住者層の緑色食品に関する認知度が低いのは，彼らの属性（低教育水準，劣居住環境）と認知度との間に関連があることを示している。居住環境別では，農村居住者層は緑色食品を買ったことがない比率が最も高く40％にも達している。

緑色食品と違い，消費者の遺伝子組換え食品に対する認知度は低く，消費者の過半数が知らないといった状態であり，高年齢層，女性，中所得層，低学歴層の認知度が低くなっている。個人消費者のすべての属性別に見ても，遺伝子組換え食品を購入したくない消費者は30-70％といった高い比率を示しており，個人消費者の遺伝子組換え食品購入に関する態度は慎重であることが分かる。

4．消費者の食品安全選択のメカニズム

次に，消費者の属性などの特徴が，食品安全の認知と購買行動にどの程度重要な影響を与え，どのような役割を果たしているかを考察してみることとする。

プロビットモデルという方法を用いて下記の4つの変数に対して分析したところ，表2-9に示す関係性が得られた。

① 緑色食品認知度に影響する要因としては，性別，学歴，居住環境と食品安全への関心度が挙げられる。男性，高学歴，都市居住の場合の認知度が

表 2-9 個人消費者における食品安全の認知・購買行為（意向）に対する主な影響要因に関する解析（プロビット・モデル）

	現段階の食品安全の関心度	緑色食品の関心度	緑色食品を買ったか否か	遺伝子組換え食品の認知度	遺伝子組換え食品を買いたいか否か
常数項	−1.03495	−2.08163*	0.14973	−2.39441***	−1.36003*
性別	−0.60942*	0.57412*	0.02592	0.84714***	0.19209
年齢	−0.01116	0.02881	−1.2927	0.30380**	0.00776
月給	0.90841**	−0.06745	−0.04465	−0.08099	−0.22961**
学歴	0.30659*	0.50855***	0.04208	0.23871**	0.15071
住居環境	0.69876	1.13852**	0.88304**	0.53893	0.27249
仕事状況	0.01062	−0.22844	0.16312	0.04365	0.03650
喫煙状況	−0.01704	0.51759	0.28659	0.87085***	0.10166
ビタミン摂取の状況	0.23683	−0.10345	0.60026***	0.18637	0.42789**
現段階の食品安全の関心度		0.98481*	−1.78090**	0.58921	0.71521*
緑色食品の認知度			1.12447**		
遺伝子組換え食品の認知度					−0.29866**
Pearson Goodness-of-fit					
Chi Square	112.821	93.791	211.141	226.017	220.959
DF	220	219	215	217	211
P値	1.000	1.000	0.562	0.323	0.305

（注）筆者がアンケート調査の結果を SPSS を用いて分析した。***＜1％，**＜5％，*＜10％の水準で統計的に有意。

高く，いわば教育水準の高さ，居住環境の良さと密接な関係があると言える。なお食品安全への関心度もその認知度の向上に影響していると言える。

② 緑色食品購買歴については，関係性の高い要因として居住環境，ビタミンの摂取状況が挙げられる。都市に居住し，常にビタミンを摂取する人ほど緑色食品を購入したことが多い点は，常識的にも想定されることであり，都市と農村の格差は，現在の中国の消費行動に直接重要な影響を及ぼしているとも言える。緑色食品を認知していれば購入しやすいが，食品安全問題に関心がある消費者ほど緑色食品に対して慎重な態度をとる。これは現在の緑色食品の生産，認証，販売が初期段階のため，消費者の微妙な心理が反映しているためとも言える。

③　遺伝子組換え食品の認知度は，性別，年齢，学歴，喫煙状況などの要因と関係性が高い。男性，若年層，高学歴，禁煙の消費者ほど認知度が高く，教育レベルも１％の水準での正の関係を示しており，認知度を影響する最も重要な変数とも言える。

④　遺伝子組換え食品に対する購買意欲は，月給（負の相関関係），ビタミンの摂取状況との関係性が高くなっている。興味深いことに，高月収ほど遺伝子組換え食品に正確な認識を持ち，食品消費の際高いリスクを回避しようと購入しない。つまり，遺伝子組換え食品への認知度が高いほど購入しない傾向にある。

⑤　現段階の食品安全関心度は，性別，月収，教育水準などの要因と関係性が高い。女性，高月収，高学歴の消費者ほど食品安全度への関心度は高く，所得と教育水準は関心度と消費行動に関係する重要な要因となっていることが窺える。

5．結　　論

以上の分析を通じて次のような政策的提案をすることができる。改革開放以来，経済は前代未聞の発展を遂げ，所得は向上し，食品は充実してきた。しかし，経済発展の転換期における現段階では，長期間に及び続いている都市と農村の格差，教育水準の格差，所得の格差などにより消費者の食品安全への欲求は制約されたものとなっている。消費者の食品安全への関心，認識，購買を高めるためには，都市と農村の格差是正，平等な教育，合理的かつ公平な所得配分が必要である。これらの問題の解決は，中国の経済発展にとって政策的にも極めて重要な意味を持つものである。

第5節　ま と め
――食品安全性における都市と農村との共生に向けて――

これまでの分析と考察では，まず都市と農村との共生の視点より，経済体制が急激な転換期にある生産者の無公害栽培技術採用の意思決定と消費者の食品安全性に対する意識構造を明らかにしていった。従来の都市と農村の二

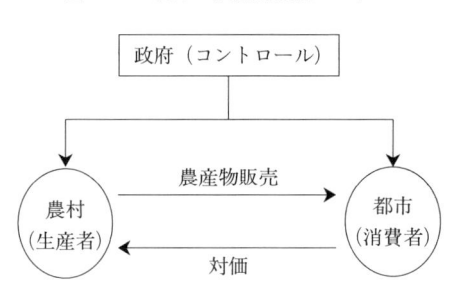

図 2-1　従来の農産物流通システム

```
        政府（コントロール）
         ↙         ↘
    農村   ―農産物販売→   都市
　（生産者）  ←―対価―  （消費者）
```

重構造は図に示すように捉えられる（図2-1）。農村の農産物生産者は流通経路を経て都市の消費者に販売し，その（地元の）価格を受け取る。このようなシステムでは，政府が管理（税金の徴収，公共市場秩序の維持，情報提供など）の役割を果たしている。しかし，農産物生産者は経済的インセンティブにより，個人の食品安全関心度に関係なく無公害栽培技術を選択している。その一方，都市の消費者の分析の結果から，所得格差，教育レベル，都市と農村の格差などが安全な食品を購買する際に強く影響を与えていることが分かった。

　食品安全性の確保のためには，政府だけではなく，NGO，農家，流通業者，消費者など幅広く参入することも必要である。モラルハザードを解消するためにその基礎として情報システムの確立が重要視されなければならない。最後に，将来構築されるべき都市（消費者）と農村（生産者）との共生システムの未来図を図2-2に提示し，政府，NGOおよびフードチェーンの各業者の役割を次のようにまとめておきたい。

1．政府の役割

　政府の役割で最も重要なのは，情報の非対称性を解消するために情報システムを確立することである。そのほか，効果的な政策をもってできるだけ都市と農村の格差を是正し，義務教育などに力を入れる必要がある。農産物の安全基準，格付けの制定やその施行はその基本でもある。

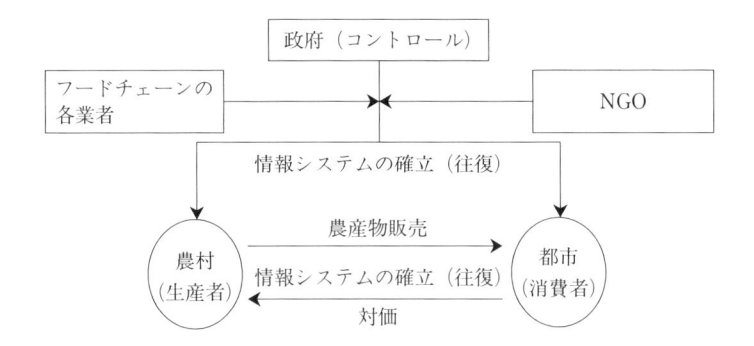

図 2-2　共生の農産物流通システム

```
              政府（コントロール）
                    ↓
フードチェーンの  →  ←  NGO
各業者
         情報システムの確立（往復）
              ↓
    農村  ── 農産物販売 ──→  都市
  （生産者） ←─ 情報システムの確立（往復） ─ （消費者）
              対価
```

2．NGOの役割

　農産物の安全性を確保するために，政府だけでは不十分であり，第三者としての非政府組織（NGO）の参入が極めて重要である。2003年11月に北京で開催された第3回中国国際民間環境組織合同シンポジウムによると，中国では各種NGOが1,000団体あるとのことであった。海外基金の援助と国内のNGOに対する規制の緩和に伴い，これから情報の非対称性，モラルハザードひいては逆選択の解消を進めるのに，今後はNGOの役割が大いに期待される。

3．フードチェーン各業者の役割

　食品安全性に関する近年の研究では，第三者としてのNGOの参入と共に，フードチェーン各業者の合意も非常に必要であるとされる（新山2002）。生産者，加工・包装業者，流通業者および消費者等フードチェーンにおけるすべての業者が食品安全性の向上に向かっていかなければならない。その合意に基づいて都市と農村の幅広い協調（市民と農家の合意・協調）が必要である。

　いずれにせよ，都市と農村の二重構造の中国では，食品安全性を確保するために，情報の非対称性を除去し，取引費用を削減して市場原理をうまく働

かせると同時に，政府のほか，第三セクターとしてのNGOやフードチェーンにおける各業者（市民及び農家を含む）などの民間団体（業者）の積極的な参加が不可欠である。

注
1) 食品安全性に関する研究としては，謝敏ら（2002）が食品安全性について理論的な分析を行っており，劉連馥（1998）は緑色食品課題の現状と展望をとりまとめている。Huang（1996），王志剛（2003）とXiaoyong Zhang（2003）が消費の視点から食品安全性の課題の建設的な実証分析を行った。Antle（1995），Katherine Clancy（1986），甲斐論（1999），鄭風田ら（2003）が欧米，日本と中国の食品安全問題及びその対策について深く検討している。食品安全の生産段階において，Pietola and Lansink（2001）がフィンランドの現地調査を用いて農家の無公害栽培技術への反応について統計分析を行い，財政支援の柔軟性を強調した。

参考文献

青木昌彦・奥野正寛編著，『経済システムの比較制度分析』（中国発展出版社，1996）

丸山雅祥・成生達彦，『現代のミクロ経済学　情報とゲームの応用ミクロ』（創文社，1999）

R. G. Chambers, *Applied Production Analysis, A Dual Approach*, New York: Cambridge University Press, 1988.

Michael Grossman, On the Concept of Health Capital and the Demand for Health, *Journal of Political Economy*, 1972.

G. S. Maddala, *Introduction to Econometrics (second edition)*, Prentice-Hall, Inc, 1992.

C. L. Huang, Consumer Preferences and Attitudes towards Organically Grown Produce, *European Review of Agricultural Economics* 23, 1996, 231-342.

John M. Antle, *Choice and Efficiency in Food Safety Policy*, The AEI Press, Washington, D. C., 1995.

John M. Antle, The New Economics of Agriculture, *American Journal of Agricultural Economics*, 81 (Number 5.) 1999, 993-1010.

Julie A. Caswell ed., *Economics of Food Safety,* Elsevier Science Publishing Co. Inc., 1990.

Katherine Clancy ed., *Consumer Demands in the Market Place: Public Policies Related to Food Safety, Quality and Human Health*, Washington, D. C.: Resources for the Future., 1986.

Kyosti S. Pietola, Alfons Oude Lansink, Farmer Response to Policies Promoting Organic Farming Technologies in Finland, *European Review of Agricultural Economics*, Vol. 28 (1), 2001, pp. 1-15.

Theodore W. Schultz, The Value of the Ability to Deal with Disequilibia, *Journal of Economic Literature*, 1975.

Gray S. Becker, *The Economic Approach to Human Behavior*, Chicago : University of Chicago Press, 1977.

G. D. Thompson and J. Kidwell, Explaining the Choice of Organic Produce : Cosmetic Defects, Prices, and Consumer Preferences, *American Journal of Agricultural Economics* 80, 1998, 227-287.

U. S. Surgeon General, *The Surgeon General's Report on Nutrition and Health*, U. S. Department of Health and Human Services, Public Health Service, Washington, D. C. : U. S. Government Printing Office, 1988.

Xiaoyong Zhang, *Tianjin Consumer Study : With Special Attention to Food Safety*, LEI B. V. Agricultural Economics Research Institute, The Hague, The Netherlands, 2003.

G. アレール，R. ボワイエ編著，津守英夫・清水卓・須田文明・山崎亮一・石井圭一共訳『市場原理を超える農業の大転換　レギュラシオン・コンヴァンシオン理論による分析と提起』(農山村漁村文化協会，1997)

甲斐諭，『食肉生産と流通における品質安全保証システムの国際比較研究』，文部省科研報告，1999

劉連馥編著，『緑色食品導論』(企業管理出版社，1995)

李里特，「国内外の緑色食品，有機食品の背景と展望」2001 年中国国際農業科学技術年会『緑色食品と人間健康』，中国食品と栄養雑誌 2001 年増刊，pp. 4-7.

王志剛，「食品品質安全の認知と消費の決定：天津市個体消費者に関する実証分析」『中国農村経済』，2003 年第 4 期，pp. 41-48.

王志剛，「品質の合意と調整形式の多様性：1 つの理論フレームワーク」『第 3 回中国国際民間環境組織協力シンポジウム論文集』，2003 年 11 月，pp. 158-165.

農民日報，「無公害野菜の状況」，2003 年 3 月 13 日。

謝敏等，「中国における食品安全問題に関する分析」『上海経済研究』，2002 年第 1 期，pp. 39-45.

新山陽子，「食品システムの転換と品質政策の確立」『農業経済研究』第 72 巻第 2 号，2002 年，pp. 47-59.

鄭風田・趙陽，「わが国農産物品質安全の問題と対策」『中国軟科学』，2003 年第 2 期，pp. 16-20.

片山隆男，『消費の経済分析』(勁草書房，1996)

第 3 章

バングラデシュ・ダカ市の地域社会における環境共生の可能性
――地域社会の社会的諸要素・諸関係に焦点をあてて――

はじめに

　1980年代半ばに「持続可能な開発」という言葉が世界の表舞台に出て以降、今日の日本では「環境配慮」や「環境共生」といった言葉を抜きにして様々な開発事業の計画・実施を語るということはできなくなった。というのも、1990年代以降環境に関する法整備が急速に進められてきたからである。

　本章ではその「環境共生」という概念に焦点をあて論を展開したい。ちなみに、環境共生といえば、自然環境と人間社会の関係をいかにうまく調和させるかに力点が置かれがちであるが、決してそれだけではない。環境システム工学を専門とする内藤正明は、「都市の緑と人間が共生するという狭い意味ではなく、人と人がいかに共生するかという意味まで含んで使われる場合が多い」[1]ことを強調し、東京農工大学名誉教授の本谷勲は「自然に優しいライフ・スタイル」(「環境共生」の意を含む)について「他の動物や植物と同様、人間が自然の中に直接生活していることを前提としていることと見なければならないが、それは個人と社会システムの間の関係を考慮せずに、個人の努力が自然に即、作用する」[2]ことではないと述べている。二人に共通することは、個人と個人の関係、個人と社会の関係を無視する形で自然環境と人間社会の関係だけを考えるのは適当でないということである。筆者なりの言い方をすれば、「環境共生」とは環境を媒介にして(環境のために＝for、環境から＝from、環境の中で＝in、環境とともに＝with、環境について＝about、環境によって＝by)人間と人間が有機的につながり、幸福を追

求することのできる社会の構築を意味している。

　ところで,「持続可能な開発」「環境共生」は筆者の研究対象である開発途上国においても重要な用語になっている。「環境共生」が前述のように理解されているのであれば, 人間と人間の諸関係, 社会システムのあり方まで射程にいれた調査研究を基礎にした開発事業計画が策定されるはずである。残念ながらバングラデシュでは農村地域を対象とした調査蓄積に比べ都市部に絞った地域社会学や環境社会学の研究業績は皆無に近いといっていいほどである[3]。同国においても「環境共生」概念が追求されるようになってきた現在, 様々な都市開発事業計画にとってこの人間と人間の諸関係, 特に日常的な生活空間である地域社会での個人間の諸関係, さらには地域社会システムのあり方などの研究はさらに重要性を増すと考えられる。その一助をなすものとして本章を位置づけたい。

　同研究への糸口として開発学の分野では 10 年ほど前から「社会関係資本 (Social Capital)」に焦点を絞った研究がなされてきている。これは, 従来の社会構造・社会関係を規定する諸要素（ネットワーク, 組織, 価値・規範, 信頼など）をいかに資本として数値化・計測できるかといったもので, 現在も定義や方法論をめぐって論争が続いている。しかし, 前述したように, 本章の目的は社会関係資本の概念規定や分析（統計処理を伴う）自体に置かれているわけではない。したがって, 同概念規定の有効性などについては別稿で論じることにしたい。ここでは社会関係資本についていかなる議論がなされ, 筆者の専攻地域である南アジアの大都市における廃棄物管理のあり方の分析にあたって社会関係資本がどのように扱われているのか, それらの説明・紹介のみにとどめることにする。社会関係資本の紹介をしている項（第 1 節 2 と第 2 節 1・2）及び第 3 節の数箇所では「制度的」社会関係資本の構成要素と「認知的」社会関係資本の構成要素といった単語を使っているが, それ以外のところでは可能な限り同単語の使用を避け, 従来の社会構造・社会関係を規定する諸要素という語を使用した。

　本章の構成は以下の通りである。第 1 節では, 次節以降に取り扱う内容との関係からまずは南アジアの廃棄物管理事情を簡潔に説明した。その後に, 国際協力事業団（現在の国際協力機構）内の研究会による「社会関係資本」

研究の一端を紹介した。第2節は南アジアの大都市の廃棄物管理事業を社会関係資本の観点から捉えたもので，インドのバンガロール市とパキスタンのファイサラバード市を事例に扱った論文とバングラデシュのダカ市を扱った論文を紹介している。前者は，「社会関係資本」の中の個人や組織間の信頼に基づく関係性に焦点をあてており，後者は，社会関係資本の諸要素を指標・数値化して統計的処理を行ったものである。第3節では筆者がバングラデシュ・ダカ市の地域社会で行った廃棄物管理を含む環境に関する住民への意識行動簡易調査に基づき，隣接しあう中間層居住区と低所得層居住区における社会的諸要素・諸関係の現れ方を分析することで，バングラデシュ・ダカ市の地域社会における環境共生の可能性の追求を試みた。

第1節　南アジア諸国の都市廃棄物事情と廃棄物管理にあたっての社会的諸要因

1．南アジアの都市廃棄物事情

　南アジアにはインドやバングラデシュをはじめとする数多くの国々が存在するが，廃棄物管理を取り巻く事情はかなり共通している。その共通点は廃棄物の組成に始まる。これは，経済発展の度合い，消費水準や食文化・習慣にある程度規定される。南アジア諸国の一人当たりのGDPを見ても，年800ドル以下が大半であり，東南アジア諸国間のように歴然とした差があるというわけではない。また，香辛料を中心としたカレー食文化が大半の地域で主流をなしている。こういった類似性から廃棄物の組成上の特徴としては有機物の割合が非常に高いということが指摘できる。他方，非有機廃棄物がまったく排出されないというわけではないが，その少なさの理由は有価廃棄物として各世帯から直接，もしくは最終処分場にいたる途中で回収されているからである。事実，巨大なインフォーマル部門がそのような有価廃棄物の回収・再生利用産業を支えているのである。

　次に，廃棄物処理過程の共通性を指摘することができる。同処理過程の概要は次の通りである。地域住民が道路上に設置された一次収集用のコンク

リート製の廃棄物蓄積所または鉄製のコンテナまで各家庭から廃棄物を運び込む。トラックまたはコンテナ運搬クレーン車によりそこから廃棄物が回収され，最終処分場に持ち込まれる。一部の住民のマナーの悪さや一定しない回収頻度により，一次蓄積所またはコンテナ付近には絶えず廃棄物が散乱し，蝿，犬，牛やカラスが近寄ってきている。近年，地域住民自身による一次蓄積所までの廃棄物の運搬を代行する形で，CBO（Community Based Organization，地域社会を基礎にさまざまな活動を展開する社会組織）やNGOが手数料を徴収，廃棄物の戸別回収事業を展開・普及させてきている。

そういった背景には自治体の慢性的な予算不足による公的廃棄物管理サービスの提供の不十分さといった事情が見られる。大都市自治体の大半は，予算不足を補うために何らかの形で国際機関や先進国政府から機材や資金を提供してもらっているのが現状である。

最後の共通点として，清掃業や清掃人に対する偏見・差別意識が見られ，特にヒンドゥー社会では最も顕著に現れることなどがあげられる。そのため，地域社会レベルでの廃棄物管理の場合，住民の自発性・積極性を伴った住民参加型の活動になることは難しい[4]。

以上のような南アジアの廃棄物管理を取り巻く環境の共通性を把握した上で，次に，本章の主題である「環境共生」概念と密接に関係すると考えられる廃棄物管理事業の社会配慮要因の説明に移っていきたい。元来，廃棄物管理事業は，衛生工学や行政学によるアプローチが一般的で，そのため，技術的・制度的な面からの考察が中心であった。しかし，近年，途上国の大都市への急速な人口の集中・集積により，廃棄物問題は以前に比べはるかに深刻な問題となってきた。過去の歴史が物語るように，途上国は，国連諸機関や先進国政府から廃棄物管理関係で多額の援助を受けることができたとしても，問題解決にはなかなかつながらないのが実状であった。

2．社会関係資本をめぐる議論
―― 国際協力事業団（JICA）内研究会の成果を通して ――

1990年代半ば以降，開発事業計画の立案・実施にあたり，技術的・制度的な面だけでなく，社会的な要因にも目を向ける動きが出てきた[5]。特に，

「社会関係資本＝ソーシャル・キャピタル」論は，研究者や国際機関・先進国政府の注視の的になった。日本の国際協力事業団（現在の国際協力機構）の 2001 年度の研究会でも社会関係資本が題材にとり上げられ，『ソーシャル・キャピタルと国際協力―持続する成果を目指して―』と題する報告書がまとめられている。そこで，同報告書に基づき，社会関係資本について少し説明をしよう。

同報告書は総論編と事例分析編に分かれている。総論編では理論的部分が扱われている。まず，「社会関係資本」（報告書では「ソーシャル・キャピタル」）の定義についてその歴史が振り返られている。特に，社会関係資本研究が，1993 年の南北イタリアにおける地方政府の制度パフォーマンスの違いを「信頼」「互恵性の規範」「市民参加のネットワーク」といった要素から構成された社会関係資本の分析によって説明した R. Putnam の *Making Democracy Work : Civic Traditions in Modern Italy*（Princeton Univ. Press, 1993）に端を発したことに触れている。その中では社会関係資本がそれまでの個人の行動を説明する概念としてではなく，「市民社会度」という社会の有様を尺度として捉えられ，社会関係資本が蓄積された社会では，人々の自発的な協調行動が起こりやすく，個人間の取引に関わる不確実性やリスクが少なくなるばかりでなく，住民による行政政策への監視・関与・参加が起こり，行政による市場機能の整備，社会サービス提供の信頼性が高まるということが強調された[6]。

さらに，Putnam 以後の動向，つまり，社会関係資本を批判的に検討する研究がなされる一方，それとは対照的に社会関係資本のより詳細な研究も実施されたといった動向が紹介されている。既述した 2 つの方法ではなく第 3 の方法として厳密に社会関係資本の定義を下すことは避け，開発援助の議論を上手に利用するという戦略的利用が推進されてきたこと，さらには今日では世界銀行が中心となり社会関係資本指標の数値化までも試みられているといったことにも触れられている[7]。

次に，援助主体である国際協力事業団の側に引きつけて見た場合，開発援助との関係，さらには開発援助の観点から注目すべき社会関係資本の種類として「内部結束型」と「橋渡し型」とが存在するとの説明がなされ，最後に

社会関係資本の計測手法が明記されている。最終的に，同研究会では社会関係資本を「当該社会・集団内もしくは社会・集団間において開発目標の達成に向けて必要な何らかの協調行動を起こすことに影響を与える社会的な諸要因」と定義している。計測すべき対象の社会関係資本については，「制度的」社会関係資本の構成要素としてネットワーク，組織・メンバーシップなどが，他方，「認知的」社会関係資本の場合，規範・価値観，信頼などがあげられている[8]。

第2節　南アジアの廃棄物管理上の社会関係資本に関する議論の紹介

　前節で見た社会関係資本が南アジアの都市における廃棄物管理とどのように関係しているのか，本節では数少ない研究の中から南アジアの廃棄物管理を社会的諸側面から研究した2つの研究論文を紹介したい。

　最初に紹介するJ. Beallは，近年，「地方分権化」や「市民参画型」といった単語が頻繁に使用される中，社会関係資本の諸要素（ネットワーク，信頼など）を有すると考えられている市民参加型の廃棄物管理が疑いもなしに「望ましい」「価値ある」ものと捉えられがちであるが，本当に手放しで喜ぶべきなのかという疑問を呈している研究者である。他方，後者のPargalたちはバングラデシュのダカ市の地域社会レベルにおいて廃棄物管理が社会関係資本の諸要素とどのように関係するのかについての分析を行っている。では，それら2つの廃棄物管理上の社会関係資本にかかわる議論をもう少し詳しく見よう。

1．J. Beallの廃棄物管理における社会関係資本の分析

　J. Beallは，廃棄物管理事業において社会関係資本の構成諸要素がどのような役割を果たし，影響を与えているか，1990年代のインドのバンガロールとパキスタンのファイサラバードでの事例調査研究から一定の解答を引き出している[9]。

(1) インド・バンガロール市での CBSWM (Community-based Solid Waste Management) の事例

バンガロール市での廃棄物管理をめぐる地域社会の社会関係資本の諸要素（この場合，社会関係資本の「悪い」「負の」側面）として，「地域社会住民」，「NGO」，「同 NGO によって組織された廃棄物回収事業に携わる少年たち」の三者間で生じた不信感とその発生要因を指摘している。それは次のような経緯で発生した。まず，現在の NGO 組織 REDS (Rag-Pickers Education and Development Scheme) の前身組織は，小規模な有価廃棄物の回収作業をしていた路上生活児の生活改善を目的として中間取り扱い業店を開くことで彼らから有価廃棄物を購入していた。しかし，路上生活児の背後には元締めがおり，単なる購入だけでは子供たちの生活改善につながらないことを理解するに至った。そこで，住民参加型の廃棄物管理事業を計画した。対象は，路上生活児のシェルター近辺の高所得層地域であった。毎日，廃棄物を戸別回収し，各世帯から一定の費用を徴収するという事業である。その際，同 NGO は，回収にあたって事前に各世帯に「水分含有率が高い (wet)」有機廃棄物と「水分含有率がほとんどない (dry)」非有機廃棄物の分別を依頼していた。回収された有機物は路上生活児によってコンポストにされる一方，非有機廃棄物の中でも有価物は，彼らによって市場で換金され，賃金にあてられるということが事業の本来の目的であった[10]。

しかし，期待とは裏腹に現実に浮上してきた問題は，事業目的に対する地域住民の不十分な理解に起因した根強い不信感であった。同事業への協力を示す参加率においては，2 地区のうち 1 地区では 52 世帯中様子眺めも含め 10 世帯が参加を拒否した。もう一つの地区は全世帯が参加した。ただし，参加率が高いといっても，廃棄物回収のサービスを受けるが，直接事業に積極的に参画する意志がある世帯は少なかった[11]。では，ここでどのような問題が発生したのか，Beall の説明に基づき，筆者なりに問題点を以下の 2 点のように整理した。

第 1 点は，廃棄物の分別協力への各世帯のモティベーションの低さに起因する問題である。その低さに関する住民側による理由説明では，住民が有機廃棄物と非有機廃棄物にきちんと分別したとしても，回収児が回収後二種の

廃棄物を再び混合している。結果的に，住民たちが行った分別作業は徒労と化す。逆に，回収児たちは別の見方をしている。すなわち，世帯主やサーバントは家庭内で便宜的に分別しているが，有価物の大半を従来からの契約関係にある回収人に慣行として売ってしまっており，結局，回収児自身，非有機廃棄物の中にほとんど有価物を見つけだすことができない。よって，分別の意味を見いだせず，自然と両者を混合してしまうといった行為にいたっている。

ここには，住民の意識の中には廃棄物のうち有価物は元来，自らの収入であった，つまり，追加的収入源と位置づけていたにもかかわらず，わざわざ，回収児の生活保障を考え，自らの収入を減らさなければならない必要がどこにあるのかという非協力的な態度に結びつく不信感が見てとれる。ただし，その一方で，NGOが本事業の目的を廃棄物回収だけでなく，路上生活児への自立支援の一環だということをどこまで各世帯に徹底して理解してもらう努力をしたのか，そのことも問われなければならない。住民とNGOの両者間には廃棄物の戸別回収事業を公衆衛生の視点で捉えるのか，それとも同作業に携わる子供たちの貧困削減・自立支援と捉えるのかといった目的の相違があり，そのことが誤解や摩擦を生じさせたと言える[12]。

同時に，分別作業を住民に課すということは，家事としてあまり好まれないというだけでなく，特に南アジアでは「水分含有率の多い」廃棄物は不浄とみなされ，同作業は当該職業に従事する特定のカースト集団が行うものと長い歴史の中で認識されてきている。屑拾い人，清掃人と同様，REDSと一緒に働く少年たちも同列視されているのである[13]。

第2点目の問題として，各世帯はサービスの効果を望むものの，サービスに対する費用の負担には消極的であるという点があげられる。その根底には住民の次のような理解がある。元来，廃棄物処理は保全税（Conservancy Tax）を徴収している行政が全面的に責任を持つべきであるとの考えから，現在の公的な廃棄物処理サービスは不十分ではあるものの，それを廃止し，民間業者に委ねてよいとまでは思っていない。裏を返せば，住民はREDSに全幅の信頼を置いているわけでないということを示唆するものである。REDSにとって，住民による信頼の欠如を暗示する事情を内部に抱えてい

たのも事実である。というのも，REDS 自体は，廃棄物回収に携わる少年たちが熱心に働いているわけではなかったので，常に彼らを信用していたわけではなかった。他方，少年たちも支給された制服を着用していると清掃作業に従事していることを公然と示すことになるゆえ，着用するのを嫌がっていたという双方の事情があった。また，回収児自身が，各世帯を回って毎月の回収料を徴収しようとしても，信用して料金を支払ってもらえることは少なく，逆に，身なりと非衛生さに対して不満・非難をあびせられる傾向にあった。回収児は，制服着用の件や住民からの不満・非難の件で回収作業に誇りを持つどころか，精神的な損傷を負う場合が多かったわけである。

このように，廃棄物の戸別回収作業の実態を見ると，子供に対する中間業者・NGO，廃棄物回収人に対する各世帯，貧困者に対する富裕者といったミクロレベルの主従・上下を示す権力関係・構造が見られる。そこには，社会関係資本の要素である「信頼」「価値観の共有」といった観点から見れば，事業目的の達成を促進するような関係はほとんど形成されていないことが理解できる。

(2) パキスタン・ファイサラバード市での階層別居住区と廃棄物管理の関係

次に，パキスタンのファイサラバード市の事例に移ろう。Beall は，ファイサラバードを博士論文で取り扱っている。そこでは，階層別居住地域の住民と政治権力との関係の視点から提供される廃棄物管理サービスの質・量の相違の理由が説明されている。例えば，高所得層居住区の場合，1980年代前半に高所得層向けの住宅地域が市の郊外に民間住宅開発会社により開発されたが，数年後には CBO が設置され，同 CBO はガス供給，道路照明などの社会インフラに関わるサービスに携わるようになった。廃棄物管理については，当初，当該地域は市の廃棄物管理の管轄区域外にあり，したがって，民間の清掃人と契約して道路清掃が実施されていた。この間，CBO は，継続的に市長や当該選挙区の国会議員に市の管轄区域への編入，公的な廃棄物管理事業の開始を働きかけていた。それが効を奏し，1994年に市の管轄区域に編入され，廃棄物管理サービスが導入されるようになった。

低所得層居住区には活動的な CBO は存在しなかったが，地区内の最も富

裕な長老であった地域社会のリーダーが住民を組織し要求をくみ上げたりしていた。廃棄物管理サービスに関する全住民の要望とは地区内の狭い小径や小さな空き地から迅速に廃棄物が収集されることであった。というのも、階層的に少し高い近隣地区では効果的な廃棄物管理サービスが提供されているものの、当該地区では同様のサービスが提供されておらず、そのことに対して住民は多大な不満を抱いていたからである。廃棄物管理に限らず、排水溝、電力供給、水道、ガスなどの生活関連インフラの整備も遅れていた。リーダーは、地域社会住民の票をまとめ、それらの票と引き換えに国会議員や市会議員にインフラ整備の約束をとりつけた。しかし、生活関連インフラのかなりが整備されたものの、廃棄物管理サービスの提供は結局実現しないままだった。

　最後は、中間層居住区の事例である。同居住区では、1993年にCBOができたものの、直後、市の清掃人がストライキに入ったため、通りには大量の廃棄物が処理されず放置されたままの状況が続くといった事件が起きた。住民からの苦情を受け、CBOの創設者が市の清掃局に現場を視察してもらい、「特別なはからい」で清掃人を手配してくれることを要請した。しかし、担当者は現場に視察に来ることもなく、ましてや清掃人の手配はなされず、結局、幹部公務員に対する住民たちの不信感が募る結果となった。そのような状況下、事態を打開するために地域住民自らの手で通りの廃棄物を処理するという決定が行われたのである[14]。

　以上、ファイサラバードでの3つの階層別居住区の廃棄物管理サービスの事例を紹介したが、明らかに社会関係資本の諸要素の質・量的な相違が現れていた。すなわち、住民・CBOと権力者間のネットワーク・信頼の量やあり方の相違（高所得層と権力者との濃厚な関係、中間層・低所得層と権力者との関係の希薄性、投票との引き換え行為を通しての低所得層による権力者との関係強化）ならびに居住区内の住民の意見・要求のまとめ役（集団的CBOか個人的リーダーか）と地域住民内の結束力の相違などが示されていたように考えられる。それらの相違は廃棄物管理の仕方の相違につながったわけである。

第 3 章　バングラデシュ・ダカ市の地域社会における環境共生の可能性　85

2．バングラデシュ・ダカ市の廃棄物管理に対する社会関係資本の影響

　S. Pargal, D. Gilligan と Mainul Huq は共同で，バングラデシュのダカ市のそれぞれの地域社会の社会関係資本が廃棄物管理にどのような影響を与えているか，それについてアンケート調査を行い，統計的な手法でその結果を導き発表している。ここでは，その方法論と結果のみを簡潔に紹介したい。まず，調査概要は次の通りである。調査期間は1997年11月から98年1月までである。ダカ市にある下位中間層から上位中間層までが居住する65の地域社会（CBSWM が導入されている35の地区，CBSWM が導入されていない30の地区）を対象に構造的質問票や面接を通じて組織や652の世帯から回答を得ている。

　調査に関する質問内容は，対象・調査項目別に次の3段階・種類に分かれている[15]。

1段階：対象＝地域社会組織に対しての調査。
　　　　調査項目＝住民数，出身県，家の所有形態（持ち家か借家か），地域社会の年数など。市民組織（civic associations）やスポーツ団体，会合の頻度，会員数など。

2段階：対象＝世帯に対する調査。
　　　　調査項目＝収入・支出，教育水準，年齢，世帯成員の年齢と職業，社会関係資本の認知的部分を構成する「信頼」(trust)，「互恵性の規範」(norms of reciprocity)，共有（sharing）に関する次のような質問（その際，選択肢は，「しばしば」「時には」「まったくない」の3つ）。

　　　・「信頼」
　　　　① あなたは近所の人から紹介（recommendations）された人を雇うことができますか？
　　　　② 緊急時，あなたは近所の人に幼い子供たちを預けることができますか？

　　　・「互恵性の規範」
　　　　① あなたもしくは近所の人は近所でなくなった人の葬儀の準備を

　　　　　手伝いますか？
　　　　② あなたもしくは近所の人は近所の家で誰かがなくなった後，その家族に食べ物をあげていますか？
　　　　③ 近所の人が病気になった際，あなたもしくは近所の人は診療所か病院に連れて行く手助けをしますか？
　　・「共有」
　　　　① あなたもしくは近所の人は宗教的社会的行事もしくは特別な事情の際に調理品やお菓子をお互い分け与えていますか？
　　　　② あなたもしくは近所の人は自らの敷地や田舎の家でとれた果物や野菜を分け合いますか？
　3段階：対象＝CBSWMシステムの導入者への調査。
　　　　調査項目＝導入者のモティベーションとシステムの特徴。

　調査結果としては次のようなことが指摘されている。まず，地域社会の都市問題の上位3つの中に廃棄物問題が含まれているかとの質問に対してCBSWMが導入されていない地域社会では51％が上位3つの問題の中に含まれており，中でも問題点として廃棄物収集の不定期さをあげている割合は67％に達していた。他方，CBSWMが導入されている地域社会では上位3つの都市問題に廃棄物問題を入れているのはわずか12％でしかなかった[16]。
　さらに，属性や制度的社会関係資本の要素と認知的要素のクロス集計結果として次のような特徴を指摘している。すなわち，「持ち家」との関係では，認知的要素の三要素（「信頼」「互恵性の規範」「共有」）とも正の相関関係が出ている。出身地別に見た場合，特に結束力が強い（ネットワーク）といわれるチッタゴン出身者が多数を占める地域社会では，「互恵性の規範」「共有」の指数が，チッタゴン出身者以外が多数を占める地域社会に比べて高いといった結果がそれぞれ指摘されている。次に，地域社会にある社会施設・会合場所の数は，「互恵性の規範」に正の関係を作り上げているものの，「信頼」には負の関係を示しているとのことである。
　1人当たりの収入面では，地域住民間の「信頼」に弱い否定的な影響を与えている。すなわち，中位所得層（中間層）の地域社会では収入の増加は

「信頼」の低下につながっている結果が示されている。また，市民組織への参加は，通常，住民間の「信頼」の増加，「互恵性の規範」「共有」の強化につながると考えられるが，あまり関係していないとの結果が出されている。ただし，例外として資源の共有を奨励している民間のクラブ（スポーツ関連，婦人組織）があげられている。

廃棄物管理での地域社会内の協力態勢を考えたとき，Pargalたちは，住民間での「互恵性の規範」は「信頼」よりかなり重要であると考えている。加えて，教育への投資は，地域社会での廃棄物管理事業を組織する能力という点で多大な効果を持っていること，さらには，公共・民間による協働計画もしくは民間のみの自助計画は社会関係資本が高い地域社会では成功しやすいということなどが指摘されている[17]。

Pargalたちのこのような指摘は非常に興味深いものであるが，残念ながら，定量的処理による分析にとどまっており，そのため，それらの背景や理由は全く探られていない。

以上，数は少ないながらも，南アジアの大都市の廃棄物管理への社会関係資本の影響に関する論文を紹介してきた。それらも参考にしながら本章の主題であるダカ市の地域社会レベルにおける環境共生の可能性について検討したい。その際の資料として筆者が独自に行った「環境意識・行動に関する地域住民簡易調査」を利用した。

第3節　バングラデシュ・ダカ市にみる地域社会内・地域社会間における環境共生の可能性
――「環境意識・行動に関する地域住民簡易調査」を通して――

1．調査の概要

⑴　調査目的

筆者は，ダカ市の地域社会レベル（地域社会といっても日本のような自治会・町内会組織があるわけでもないので，地域社会をどのように定義・範囲

設定するかは非常に難しい）での廃棄物管理のあり方を研究する中，以前から，廃棄物の戸別回収を行っている環境NGO「ウェイスト・コンサーン（WC）」の活動に注目してきた[18]。特に，WCは中間層居住区での戸別回収，低所得層居住区での改良型ドラム缶を利用したコンポスト製造をそれぞれ実施しているが，その際，事前に住民を集め，説明会やワークショップを開き，住民から十分な理解を得たと言われている。その後に，WCは戸別回収，コンポスト製造などを実施，その間，ワーカーを派遣し，特に低所得層居住区での相談にあたらせている。したがって，住民の廃棄物管理に対する意識はある程度高いと考えられる。

当該地区を調査対象に選んで行った本調査の目的は，①実際のところ，当該地域社会の住民の環境に対する意識や取り組みはどの程度のものなのか，②環境問題を解決するには，本章の冒頭にも述べたように行政と地域住民間，異なる地域社会の住民間や同一地域社会内の住民間の協力や信頼関係を重視する「環境共生」という考えが必要であるが，それらの協力や信頼関係は実際どうであるのかを把握することである。その際，第1節と第2節で触れてきた社会関係資本に関する議論をできる限り考慮に入れ，結果をまとめる努力をした。

(2) **調査期間**
2003年9月26日〜10月1日

(3) **調査対象**
ダカ市ミルプール第2サークル付近の環境NGO「ウェイスト・コンサーン（WC）」の活動区域：
・中間層居住区域　Mirpur Sec-2 Block-B, C, D, E, G
・低所得層居住区域（ボスティ）2ヵ所：Shah Ali Bagh Basti, Nasim Bagh Basti

Shah Ali Bagh Basti：120軒ほどで構成され，表通り沿いには雑貨屋，タバコ販売兼茶店や野菜売り店がある。共同井戸，共同便所がボスティの敷地内にあり，幅30cmぐらいのコンクリート製の開放型排水溝が敷地内を

第3章 バングラデシュ・ダカ市の地域社会における環境共生の可能性　89

写真3-1　一軒1,200タカ（2,200円）の家賃の新しいボスティ（スラム）居住者

通っている。このボスティには住民厚生組織があり，11人で構成される執行部と数多くの委員会がある。毎月，会議を招集し，さまざまな問題や活動の進捗状況について話し合っている。共用費として毎月2タカを徴収したり，NGOを含む諸団体から援助を得ている。NGOの協力のもと小学校も運営している[19]。

　Nasim Bagh Basti：40軒ほどから構成されている。10軒から15軒が1ブロックを形成するような敷地利用になっている。1ブロックにつき，共同井戸や共同便所が設置されている。住居の大半が竹製である。排水溝は整備されておらず，豪雨になれば，しばしば，敷地が冠水することもある。敷地は私有地であり，中央部に地主家族が住む。ただし，同地主は，土地の所有権をめぐって，現在，市と係争中である[20]。

(4) 調査方法

　・中間層居住区域：本地区を担当する少年ワーカー（苦情を聞いたり，回収料金を徴収したりする，以前はリクシャ・バンにて有機物の戸別回収に従

事）の案内で，WC が作成した地図に基づき，ブロックごとに細分化された居住区画（総世帯数約250）の四隅に位置する63世帯に調査票を配布（コーナーに位置していたとしても WC の会員でなければ除外），あとで回収した。計50世帯から回収できたが，有効なものは45世帯であった。

・低所得層居住区域：両ボスティを担当する WC の女性ワーカー（特製コンポスト容器＝改良型ドラム缶使用にてのコンポストの作り方の指導や相談）によってランダムに調査対象者を選出，ワーカーが調査票に基づき，質問し回答を記入する方法を採用した。随行していた筆者は調査票の質問項目以外に必要があれば補足質問を行った。Shah Ali Bagh Basti では120軒のうち26軒から，Nasim Bagh Basti では40軒のうちから5軒から回答をそれぞれ得ることができた。

(5) 調査内容

回答者・世帯の社会経済的属性，環境に関する知識の有無（「地球温暖化」「温室効果ガス」といった単語，「ダカでの CNG ＝天然ガス使用タクシーの導入」，「最終処分場の耐用年数の限界」）を尋ね，主要関心分野（政治，教育，経済，医療・保健，環境）および重要項目（都市廃棄物管理，排水・道路上の洪水，上水道，し尿・汚水処理，大気汚染，水質汚濁，停電，交通混雑，商品・土地価格の上昇）に優先順位をつけてもらった。その上で，公的な（ダカ市役所の）廃棄物管理サービスの知識の有無（廃棄物収集回数）と廃棄物行政への満足度を，さらに最後に地域社会での住民の協力について質問した（調査票は以下の通り）。

環境に関する地域住民の意識・行動調査票の質問項目

1．回答者氏名　　2．住所　　3．性別（男・女）　　4．年齢
5．学歴：プライマリ・スクール中退（未就学を含む），プライマリ卒，セカンダリ卒，ハイヤ・セカンダリ卒，大学卒，大学院卒
6．婚姻：未婚，既婚，離婚，別居，死別
7．世帯人数（世帯規模）

8．回答者の職業
9．回答者の収入（1ヵ月）
10．世帯主の職業
11．世帯の収入（1ヵ月）
12．「地球温暖化」「温室効果ガス」という言葉を聞いたことがありますか。
　　　　　　　　　　はい　　いいえ　　回答拒否
13．今年に入ってダカ市で軽油を燃料とするベビー・タクシーがいっせいに交通規制され，CNGタクシーが走り出したのを知っていますか。
　　　　　　　　　　はい　　いいえ　　回答拒否
14．ダカ南東部にある最大のマトゥアイル廃棄物処分場が数年で許容量を超えるのを知っていますか。
　　　　　　　　　　はい　　いいえ　　回答拒否
15．居住地域の生活環境に満足していますか。
　　　　　　　　満足　　不満足　　どちらともいえない　　回答拒否
　＊「不満足」との回答者に対して，その理由を特筆してください。
16．次のうちどの分野に関心がありますか。1から3までの優先順位をつけてください。
　　　1．政治　　2．教育　　3．経済成長／貧困緩和　　4．医療・保健衛生
　　　5．廃棄物処理を含む環境分野
17．次の項目の中でどれが最も重要な課題ですか。1から3までの優先順位をつけてください。
　　　1．都市廃棄物管理　　2．排水・道路の洪水問題　　3．上水道
　　　4．下水処理　　5．大気汚染　　6．水質汚濁　　7．停電
　　　8．交通混雑　　9．商品・土地の価格上昇
18．ダカ市役所の廃棄物処理事業に満足していますか。
　　　　　　　　　　はい　　いいえ　　回答拒否
19．廃棄物収集にダカ市役所のトラックはどれぐらいの頻度で来ますか。
　　　1．毎日　　2．週3回　　3．週1回　　4．知らない
　　　5．回答拒否
20．ダカ市役所のような行政に対して廃棄物管理上の不満・不平はありますか。
　　　　　　　　　　はい　　いいえ　　回答拒否
　＊「はい」との回答者に対して，誰に対する不満・不平ですか。

1．保全局長（CCO, Chief Conservancy Officer）
2．市会議員（ウォード・コミッショナー）
3．区担当の保全官（CI, Conservancy Inspector）　4．清掃人
5．トラック運転手　6．その他：
＊どのような不満・不平でしょうか。
21．近隣地区の事情に関して関心がありますか。
　　　　　　　　はい　　いいえ　　回答拒否
＊「はい」との回答者に対して，特筆してください。
22．地域社会において教育・防犯などのような地域社会ぐるみでの取り組みが必要な問題について相談できる人がいますか。
　　　　　　　　はい　　いいえ　　回答拒否
＊「はい」との回答者に対して，誰ですか。
23．地域社会において起きている教育問題・犯罪・環境悪化を解決するために地域住民は統一行動・対策をとるべきだと思いますか。
　　　　　　　　はい　　いいえ＝現状でいい　　回答拒否
24．地域社会の中での災害対策や都市問題の解決といった目的を持つ組織の活動に参加しますか。
1．積極的＝役員になり会議・催し物を組織・開催したい
2．それほど積極的でないが参加したい＝単に会員となり会議・催し物に参加したい
3．関心がない＝会員にならない　　4．回答拒否
25．クラブ・NGO・他組織などに属していますか。
　　　　　　　　はい　　いいえ　　回答拒否
＊「はい」の回答者に対して，具体的に述べてください。

(6)　**本調査の限界**

　予算と時間上の制約により，全世帯を調査対象（悉皆調査）にできなかった。中間層居住区域，低所得層居住区域とも統計処理を行うに最低限必要な標本数である百を上回ってはいない。したがって，結果はあくまで大まかな傾向として把握する必要がある。また，社会関係資本に関する考察を深める

のであれば、当該地域社会に存在する社会集団・組織の情報入手をより多く行い[21]、「制度的」要素のネットワーク・メンバーシップ、さらには「認知的」構成要素である規範・価値観・信頼・共有についてもう少し具体的な質問をする必要があったのではないかと考えられる。

また、特に、中間層居住区域では回答者に大学生が含まれているが、質問項目によっては（たとえば地域社会での相談相手といった質問）大学生という属性は不適切な場合もあった。

2．調査結果

(1) 属　性

中間層居住区域では、回答者の社会的属性は、性別：男性＝34人、女性＝11人、年齢：10代＝4人、20代＝12人、30代＝10人、40代＝11人、50代以上＝7人、最終学歴：プライマリ・スクール中退（未就学を含む）＝2人、プライマリ卒＝1人、セカンダリ卒＝4人、ハイヤ・セカンダリ卒＝13人（うち6人が現役大学生）、大卒・大学院卒＝25人となっている。

低所得層居住区域では、性別：男性＝12人、女性＝19人、年齢：10代＝1人、20代＝8人、30代＝17人、40代＝4人、50代以上＝1人、最終学歴：プライマリ・スクール中退（未就学を含む）＝19人、プライマリ卒＝5人、セカンダリ卒＝5人、大学院修了＝1人となっている。世帯収入（月額）は2,000～5,000タカである。（バングラデシュの学校教育における各学校の年数は、プライマリ：5年、セカンダリ：5年、ハイヤ・セカンダリ：2年である）

(2) 環境に関する知識・情報の共有

環境共生を考えるにあたって、環境に関する知識の習得・共有は重要である。ここではそのことを検討する。環境問題の知識の有無に関係する質問については、地球環境に関係するもの、ダカ市の大気汚染に関するもの、ダカ市の廃棄物処理に関するものの3種類を取り上げた。具体的な質問項目は質問12から14である。その主旨と回答結果は以下の通りである。まず、地球環境に関する具体的な質問事項は、質問12の「地球温暖化」「温室効果ガ

表 3-1　低所得層居住区における環境意識行動簡易調査

番号	性別	年齢	学歴	婚姻	世帯人数	温暖化言葉	CNG導入	廃棄物処分場	最重要1位	最重要2位	最重要3位
SB-1	女	30	プライマリ中退	既婚	5	×	○	×	排水・道路上の洪水	下水処理	電力供給
SB-2	男	65	プライマリ	既婚	4	×	○	○	上水供給	価格上昇	排水・道路上の洪水
SB-3	男	32	プライマリ	既婚	4	×	○	×	都市廃棄物管理	水質汚濁	交通混雑
SB-4	男	38	プライマリ中退	既婚	3	×	○	○	都市廃棄物管理	上水供給	電力供給
SB-5	女	25	プライマリ中退	既婚	4	×	○	×	排水・道路上の洪水	下水処理	上水供給
SB-6	男	27	セカンダリ	離別	4	×	○	×	上水供給	電力供給	都市廃棄物管理
SB-7	女	35	NA	NA	7	×	○	×	排水・道路上の洪水	交通混雑	電力供給
SB-8	男	35	セカンダリ	既婚	4	×	○	○	上水供給	水質汚濁	電力供給
SB-9	男	32	プライマリ	既婚	4	×	○	×	排水・道路上の洪水	下水処理	上水供給
SB-10	女	33	プライマリ中退	NA	4	×	○	×	排水・道路上の洪水	上水供給	価格上昇
SB-11	女	21	プライマリ中退	既婚	4	×	○	×	電力供給	交通混雑	都市廃棄物管理
SB-12	女	30	プライマリ中退	既婚	5	×	○	×	上水供給	都市廃棄物管理	価格上昇
SB-13	男	35	セカンダリ	既婚	3	×	○	×	排水・道路上の洪水	上水供給	都市廃棄物管理
SB-14	男	45	プライマリ中退	既婚	6	×	○	×	価格上昇	排水・道路上の洪水	都市廃棄物管理
SB-15	男	30	プライマリ中退	既婚	6	×	○	×	上水供給	都市廃棄物管理	水質汚濁
SB-16	男	36	大学院卒	既婚	4	×	○	○	大気汚染	価格上昇	排水・道路上の洪水
SB-17	男	46	プライマリ中退	既婚	NA	×	○	×	都市廃棄物管理	排水・道路上の洪水	交通混雑
SB-18	女	40	プライマリ中退	既婚	6	×	○	×	都市廃棄物管理	交通混雑	上水供給
SB-19	女	34	プライマリ中退	既婚	6	×	○	×	交通混雑	電力供給	上水供給
SB-20	女	27	プライマリ中退	既婚	NA	×	○	×	排水・道路上の洪水	水質汚濁	電力供給
SB-21	女	37	プライマリ中退	既婚	6	×	○	×	排水・道路上の洪水	下水処理	電力供給
SB-22	女	30	プライマリ	既婚	NA	×	○	×	排水・道路上の洪水	上水供給	都市廃棄物管理
SB-23	女	35	プライマリ中退	既婚	6	×	○	×	排水・道路上の洪水	上水供給	価格上昇
SB-24	女	32	プライマリ中退	既婚	6	×	○	×	排水・道路上の洪水	価格上昇	電力供給
SB-25	女	23	プライマリ中退	離別	2	×	○	×	排水・道路上の洪水	上水供給	電力供給
SB-26	女	40	プライマリ中退	既婚	5	×	○	×	排水・道路上の洪水	上水供給	電力供給
NB-1	女	38	セカンダリ	既婚	6	×	○	○	下水処理	排水・道路上の洪水	電力供給
NB-2	女	25	プライマリ中退	既婚	4	×	○	×	下水処理	排水・道路上の洪水	水質汚濁
NB-3	女	19	セカンダリ	既婚	2	×	○	×	下水処理	排水・道路上の洪水	電力供給
NB-4	男	26	プライマリ中退	既婚	4	×	○	○	下水処理	水質汚濁	電力供給
NB-5	女	26	プライマリ	既婚	5	○	○	×	排水・道路上の洪水	交通混雑	価格上昇

「プライマリ中退」は未就学を含む。
NA＝回答なし　×＝知らない
［出所］筆者のフィールド調査より。

第3章 バングラデシュ・ダカ市の地域社会における環境共生の可能性

ゴミ処理満足	不平・不満	誰への不満	近隣地区への関心	相談相手	いる場合は誰	共同行動の必要	活動参加	環境への取り組み	組織参加
不満足	回答拒否		×	×		とるべき	意志なし	賛成	×
満足	×		×	×		現在のまま	会員	賛成	×
満足	×		×	×		とるべき	会員	賛成	×
NA	○	市会議員	×	○	マノビ援助会議長	とるべき	会員	賛成	○ (マノビ援助会)
不満足	○	CCO	×	○	個人家庭教師	とるべき	役員	賛成	×
不満足	×		×	×		とるべき	会員	賛成	×
不満足	×		×	×		とるべき	意志なし	賛成	×
不満足	○	CCO	×	○	ボスティの会長	NA	役員	賛成	NA
不満足	○	CCO	×	×		とるべき	会員	賛成	NA
不満足	×		×	×		とるべき	会員	賛成	×
不満足	○	CCO	×	×		とるべき	会員	賛成	×
不満足	○	市会議員	×	×		とるべき	役員	賛成	×
不満足	×		×	×		とるべき	意志なし	賛成	×
満足	○	市会議員	○	×		とるべき	意志なし	賛成	×
不満足	○	市会議員	×	○	ボスティの会長	とるべき	意志なし	賛成	×
不満足	○	CCO	×	×		とるべき	役員	賛成	×
満足	○	市会議員	×	×		とるべき	意志なし	賛成	×
不満足	○	CCO	×	○	ボスティの会長	とるべき	会員	賛成	×
不満足	○	CCO	×	×		とるべき	会員	賛成	×
不満足	×		×	×		とるべき	意志なし	賛成	×
不満足	×		×	×		とるべき	会員	賛成	×
不満足	×		回答拒否	×		とるべき	意志なし	賛成	×
不満足	×		×	○	ボスティの会長	とるべき	意志なし	賛成	×
NA	×		×	×		とるべき	会員	賛成	×
不満足	○	市会議員	×	×		とるべき	役員	賛成	×
不満足	×		NA	NA		NA	NA	NA	NA
不満足	○	CCO	×	×		とるべき	意志なし	賛成	○ (BRAC)
不満足	○	WCO	×	×		とるべき	役員	賛成	○ (BRAC)
満足	×		×	×		とるべき	会員	賛成	○ (BRAC)
NA	×		○	×		とるべき	意志なし	賛成	×
NA	○		○	×		とるべき	意志なし	賛成	×

表3-2　中間層居住区における住民の環境意識行動簡易調査

番号	性別	年齢	学歴	婚姻	世帯人数	温暖化言葉	CNG導入	廃棄物処分場	環境満足度	最重要1位	最重要2位	最重要3位
MC-1	男	34	大卒	既婚	7	○	○	○	△	価格上昇	交通混雑	上水供給
MC-2	男	35	大学院卒	既婚	2	○	○	○	△	大気汚染	水質汚濁	電力不足
MC-3	女	32	プライマリ中退	別居	5	○	○	○	○	(都市廃棄物管理)	(上水供給)	(電力不足)
MC-4	女	55	セカンダリ	既婚	5	回答拒否	○	回答拒否	回答拒否	(上水供給)	(大気汚染)	(水質汚濁)
MC-5	男	42	ハイヤ・セカンダリ	既婚	4	NA	○	○	○	(上水供給)	(電力不足)	(交通混雑)
MC-6	男	24	大卒	未婚	4	○	○	×	×	電力不足	交通混雑	排水・道路上の洪水
MC-7	女	28	セカンダリ	既婚	4	○	○	○	△	(電力不足)	(交通混雑)	(価格上昇)
MC-8	男	26	ハイヤ・セカンダリ	既婚	11	○	○	×	○	排水・道路上の洪水	電力供給	価格上昇
MC-9	男	41	大卒	未婚	9	○	○	○	○	電力不足	上水供給	下水処理
MC-10	男	43	大卒	既婚	6	○	○	○	×	(上水供給)	(下水処理)	(交通混雑)
MC-11	男	41	ハイヤ・セカンダリ	既婚	4	○	○	回答拒否	△	(都市廃棄物管理)	(上水供給)	(電力不足)
MC-12	男	40	大卒	既婚	3	○	○	○	△	大気汚染	交通混雑	価格上昇
MC-13	男	42	大学院卒	既婚	3	○	○	○	△	都市廃棄物管理	排水・道路上の洪水	交通混雑
MC-14	男	19	ハイヤ・セカンダリ	未婚	NA	○	○	○	△	(都市廃棄物管理)	(上水供給)	(電力不足)
MC-15	女	50	セカンダリ	既婚	7	○	○	○	△	水質汚濁	交通混雑	価格上昇
MC-16	男	20	ハイヤ・セカンダリ	未婚	7	○	○	○	○	(上水供給)	(電力不足)	(価格上昇)
MC-17	女	20	ハイヤ・セカンダリ	未婚	9	○	○	○	×	上水供給	都市廃棄物管理	排水・道路上の洪水
MC-18	女	20	ハイヤ・セカンダリ	未婚	6	○	○	○	×	排水・道路上の洪水	都市廃棄物管理	交通混雑
MC-19	男	18	ハイヤ・セカンダリ	未婚	9	○	○	○	○	都市廃棄物管理	排水・道路上の洪水	下水処理
MC-20	男	25	大学院卒	未婚	5	○	○	○	○	(排水・道路上の洪水)	(水質汚濁)	(上水供給)
MC-21	男	62	大学院卒	既婚	6	○	○	○	△	都市廃棄物管理	排水・道路上の洪水	交通混雑
MC-22	女	40	大卒	既婚	4	○	○	○	×	都市廃棄物管理	交通混雑	電力不足
MC-23	男	32	大卒	未婚	6	○	○	○	×	水質汚濁	下水処理	都市廃棄物管理
MC-24	男	21	大卒	未婚	5	○	○	○	×	下水処理	都市廃棄物管理	大気汚染
MC-25	男	55	大卒	既婚	6	○	○	○	×	交通混雑	下水処理	電力不足
MC-26	男	18	ハイヤ・セカンダリ	未婚	3	○	○	○	×	都市廃棄物管理	排水・道路上の洪水	大気汚染
MC-27	男	42	大卒	既婚	NA	○	○	○	○	NA	NA	NA
MC-28	男	61	大卒	既婚	4	○	○	○	○	都市廃棄物管理	排水・道路上の洪水	下水処理
MC-29	男	32	ハイヤ・セカンダリ	既婚	6	○	○	○	×	NA	NA	NA
MC-30	男	32	大卒	既婚	7	○	○	○	○	NA	NA	NA
MC-31	男	30	ハイヤ・セカンダリ	既婚	6	○	○	○	×	都市廃棄物管理	下水処理	価格上昇
MC-32	男	45	大学院卒	既婚	6	○	○	○	×	都市廃棄物管理	排水・道路上の洪水	水質汚濁
MC-33	男	35	大卒	既婚	3	○	○	○	×	都市廃棄物管理	大気汚染	電力不足
MC-34	女	42	セカンダリ	既婚	4	○	○	×	×	価格上昇	大気汚染	都市廃棄物管理
MC-35	男	40	プライマリ	既婚	5	×	○	○	×	価格上昇	上水供給	排水・道路上の洪水
MC-36	男	19	ハイヤ・セカンダリ	未婚	8	○	○	○	△	上水供給	交通混雑	価格上昇
MC-37	男	34	大学院卒	既婚	6	○	○	○	×	価格上昇	都市廃棄物管理	大気汚染
MC-38	男	61	大卒	既婚	6	○	○	○	○	都市廃棄物管理	上水供給	電力供給
MC-39	女	21	大卒	未婚	4	○	○	○	×	排水・道路上の洪水	上水供給	都市廃棄物管理
MC-40	男	25	大卒	未婚	5	○	○	○	×	水質汚濁	大気汚染	価格上昇
MC-41	女	24	大卒	未婚	2	○	○	○	×	交通混雑	下水処理	大気汚染
MC-42	女	36	大卒	既婚	NA	○	○	○	×	上水供給	電力供給	価格上昇
MC-43	男	55	ハイヤ・セカンダリ	既婚	3	○	○	○	×	都市廃棄物管理	排水・道路上の洪水	下水処理
MC-44	男	41	プライマリ中退	未婚	4	×	○	×	×	都市廃棄物管理	上水供給	水質汚濁
MC-45	男	29	大学院卒	未婚	12	○	○	×	○	下水処理	電力供給	都市廃棄物管理

「プライマリ中退」は未就学を含む。
NA＝回答なし　　△＝どちらでもない　　（　）は優先順位なし　　×＝知らない
［出所］表3-1と同じ。

第3章 バングラデシュ・ダカ市の地域社会における環境共生の可能性

ゴミ処理満足度	トラック頻度	不平・不満	誰への不満	近隣地区への関心	相談相手	いる場合は誰	共同行動の必要	活動参加	環境への取り組み	組織参加
×	週1回	○	CCO	○	回答拒否		とるべき	会員	賛成	×
×	×	○		○	○	市会議員の知人	とるべき	会員	賛成	○
○	週1回	×		×	×		とるべき	役員	賛成	×
回答拒否	回答拒否	回答拒否		回答拒否	回答拒否		回答拒否	回答拒否	賛成	×
×	毎日	○	MCO	×	NA			会員	賛成	○
×	回答拒否	○	MCO	○	○	友人	とるべき	役員	賛成	×
×	毎日	○		×	×		とるべき	会員	賛成	×
回答拒否	×	回答拒否		×	×		とるべき	意志なし	賛成	×
×	×	○		○	○	兄弟	とるべき	役員	賛成	×
×	NA	○	CCO, MCO, 清掃人	○	×		とるべき	役員	賛成	○
×	週3回	○	MCO	×	×		とるべき	会員	賛成	○
×	×	○	CCO	×	×		とるべき	意志なし	賛成	×
×	×	NA		NA	NA		とるべき	役員	賛成	×
×	週3回	回答拒否		回答拒否	×		とるべき	会員	賛成	×
×	週1回	○	MCO	×	×		現在のまま	意志なし	賛成	×
×	×	○	MCO	×	×		とるべき	回答拒否	賛成	○
○	週3回	×		×	×		とるべき	意志なし	賛成	×
×	毎日	○	CCO	○	×		とるべき	役員	賛成	×
×	月1回	○	市長	○	○		とるべき	役員	賛成	×
○	×	○	MCO	○	×		とるべき	役員	賛成	×
×	週1回	×		×	○	所有者協会役員	とるべき	会員	賛成	×
×	×	○	市会議員	○	×		とるべき	会員	賛成	×
×	週1回	○	CCO	○	○	市会議員	とるべき	役員	賛成	×
×	×	○	CCO, MCO	○	×		とるべき	役員	賛成	×
×	毎日	○	MCO	○	×		現在のまま	会員	賛成	×
×	×	○	CCO(行政に対して)	○	○	友人	とるべき	回答拒否	賛成	○
×	週1回	○	CCO	○	×		とるべき	回答拒否	賛成	×
×	×	回答拒否		回答拒否	回答拒否		とるべき	回答拒否	賛成	×
×	×	○	市会議員	○	×		とるべき	役員	賛成	×
×	×	○	市会議員	○	×		とるべき	役員	賛成	×
×	×	○	CCO	○	×		とるべき	役員	賛成	×
×	×	○	MCO, その他(ダストビンの外にゴミを捨てる一般住民)	×	×		とるべき	会員	賛成	×
×	週1回	○	MCO	×	×		とるべき	会員	賛成	×
×	回答拒否	○	MCO	×	×		とるべき	役員	賛成	×
×	毎日	×		×	×		現在のまま	意志なし	賛成	×
×	×	回答拒否		○	×		とるべき	意志なし	賛成	×
×	×	○	MCO	○	×		とるべき	役員	賛成	×
×	週1回	×		○	○	市会議員	とるべき	会員	賛成	×
×	×	○	市会議員	○	×		とるべき	役員	賛成	×
×	週3回	○	MCO	×	×		とるべき	会員	賛成	×
×	×	○	CCO	×	×		現在のまま	意志なし	不支持	×
×	毎日	○	市会議員	×	×		とるべき	役員	賛成	NA
×	×	○	CCO	○	○	Director General と VDP	とるべき	役員	賛成	×
○	×	×		×	×		とるべき	意志なし	賛成	×
×	0回	○	MCO	○	○	父親	とるべき	役員	賛成	○

写真 3-2 オールド・ダカの中間層居住区
（手前がリクシャ，その後に CNG タクシーが見える）

ス」という言葉を聞いたことがあるか，である。これは，日常生活では感覚上察知できない環境問題であり，新聞やテレビ，講演や授業で得られる情報である。また，それを理解するにはある程度の科学的な知識・理解力を要する。したがって，中間層と低所得層では回答結果に明確な相違が現れている。中間層では3人を除き，全員が聞いたことがあるとの回答をしており，他方，低所得層では全員が聞いたことがないと答えている。

　質問13はダカ市での CNG タクシーの導入の知識の有無を尋ねている。CNG タクシーとは天然ガスを燃料とする自動三輪タクシーである。ダカ市は急速な都市化と経済発展のため，この10年間で自動車が急増した。中間層の主要な交通機関であった軽油を燃料とした2気筒エンジン搭載のベビータクシーと呼ばれる自動三輪車の数も急増した。そのために，幹線道路周辺では自動車の排ガスによる大気汚染が深刻な問題となってきた。大気汚染対策として政府が実施したのが，ベビータクシーの一斉規制と CNG タクシーの導入である[22]。2003年1月1日をもって一斉切り替えが行われた[23]。幹線道路での渋滞時の交差点においてのベビータクシーから排出される白煙は誰の眼にも見え，その嫌な臭いは誰の鼻でも感じることができる。このよう

写真 3−3　河川沿いのゴミ処分場で有価廃棄物回収

に，幹線道路に出れば，大気汚染問題は日常生活を送る中でいやがおうにも感じざるを得ないものである。ベビータクシーやその代替物であるCNGタクシーは，中間層にとっては重要な交通機関として手軽に利用でき，他方，低所得層（特に男性）にとっては運転手といった職業を提供するものであり，よって双方にとって非常に身近で利益のあるものである。そのため，質問に対する回答結果は，中間層，低所得層とも全員がCNGタクシーの導入を知っていた。

　質問14は，住民の生活に身近なゴミ問題で，最終処分場に関するものである。ゴミが道路上や一次蓄積所付近に散乱している場合，視覚や嗅覚によって日常生活に悪影響を与えるゴミ問題の深刻さを実感することができる。とはいえ，最終処分場に関わる問題（地下水汚染・悪臭・周辺へのゴミの拡散など）は，周辺の居住者でなければ感じることはほとんどない。現在，ダカ市の廃棄物処分場は，西部のトゥラグ川沿いのベリバンド地区と南西部のマトゥアイル地区に大規模なものがある。特に後者はあと数年間でその耐用が限界に来るといわれている。先進国に限らず，途上国でも処分場の確保は容易ではない[24]。この最終処分場の確保の困難性を含む一連の廃棄物

管理問題に関する情報は，写真入りで新聞や雑誌などの特集記事でしばしば扱われている。ただし，人類の危機（特にバングラデシュでは海面上昇による土地の消失）につながる「地球温暖化」「温室効果ガス」に比べ新聞・雑誌で記事が掲載される頻度は低い。

同質問に対する回答は，中間層居住区では「回答拒否」を除けば，「知っている」との回答は 43 人中 30 人，「知らない」は 13 人であった。約 3 分の 2 が知っていることになる。他方，低所得層では，31 人中 10 人が知っており，21 人が知っていなかった。

以上，これら 3 つの環境項目の知識に関する回答結果から次のことが言える。最終処分場の利用残余年数についての知識を有していなかった一部を除けば，中間層の場合，現在，世界規模で対策が検討されている地球環境上の問題からダカの大気汚染対策としての CNG タクシーの導入といった身近な問題まで幅広い知識を有していた。当然のことながら，これは教育の普及やマス・メディアの発達によると考えられる。他方，低所得層は，CNG タクシーに代表される身近かつ可視的な問題は全員が知っていたものの，科学的理解力を要する地球環境上の問題への知識は全員が持っていなかった。低所得層で新聞を購読している世帯は少なく（情報へのアクセス手段の欠如），プライマリ・スクール中途退学者が多い故，学校の理科教育での知識の習得機会や理解力が欠如していることがその要因である。

(3) 生活環境への満足度と主要な都市問題の認識（生活環境に対する意識の共有）

生活基盤が地域社会にある以上，住民が生活環境にどの程度満足しているのかを知ることは集団内結束を見る上で非常に重要である。というのも，一般に，「満足」は生活環境の更なる改革・改善へのモティベーションの高揚に働かず，他方，「不満足」はそのモティベーションの高揚に連動する（時には，問題の解決からの逃避や当該地区からの移動といった行動に結びつくこともありうるが，）と考えられるからである。回答が拡散傾向にある場合，集団内結束という点で意識・認識が共有されず，結局，集合体としての積極的な取り組みに連動しない。

ミルプール地区の生活満足度を知るために，中間層にそれを尋ねた（質問

写真 3-4 ダカ市で最近建設された大型商業施設

15)。「回答拒否」を除いて，47人中「満足」が7人，「どちらでもない」が15人，「不満足」が21人となり，全体的には不満足の傾向を示している。その不満足感を示す理由として，ゴミ問題などの公衆衛生問題，高失業率，テロや野犬の襲撃に代表される治安・安全上の問題，冠水による被害といった問題があげられている。

　ここで，もう少し詳しく生活環境に関する意識や認識を検討していきたい。質問17では，現在，当該居住区が直面する都市問題の主要項目の中から上位3位までに優先順位をつけ回答してもらった。中間層居住区では，最重要課題では突出した項目はないが，あえて言えば，廃棄物管理問題が重要と認識されている。廃棄物管理問題に関する詳細は後で触れたい。廃棄物管理問題以外の都市問題の中で上位3位までを見ると，特定の課題に集中してはいないが，価格上昇，水質汚濁，排水問題・道路の冠水，電力不足，上水供給問題など全般的に様々な項目が重要と認識されている。

　これらの重要な都市問題を補足説明する材料として，ミルプール地区に限定したものではないが，ダカ市全体を対象に興味深い結果が現れている（都市問題）調査をここで紹介したい。同調査は，ダカのCUS（Centre for

Urban Studies) がランダムに選んだ 730 人の種々の職業従事者に対して（インフォーマル・セクターでの職業従事者やプライマリ中退者を除く）都市問題に関する意識・認識を尋ねている。実施されたのは 1997 年半ばである。回答者の経済階層上の属性は，81％が中間層（ミドル・クラス），11％が低所得層，8％が高所得層であった。回答者が認識しているダカ市の都市問題（複数回答可能）として1位にあげられているのが交通混雑（81.2％），2位が停電（75.0％），3位が水の供給不足（74.0％）となっている。その他には，交通手段の不足・道路状況の劣悪さや道路の総延長の少なさなどの都市輸送の問題（55.2％），廃棄物処理（48.9％），蚊の襲来（47.1％），法と秩序の乱れ（40.7％），暴力とテロ（39.7％），冠水（33.7％），環境汚染（26.3％）がそれぞれ選ばれている。以上から，交通機能の麻痺など交通関連事情がかなり深刻な都市問題として捉えられていることが理解できる。また，電力や水の供給不足といった都市生活を送っていく上で最低限の必需資源が不足していること，つまり，ライフラインに関わる項目があまりにも高率で指摘されているのがダカ市の都市問題の特徴である。

さらに，選択肢を一つのみに絞った回答結果では，1位が交通混雑：21.9％，2位が停電：10.8％，3位が水の供給不足：9.7％と続き，以下，環境汚染：9.3％，テロ：6.7％，法の乱用と秩序の悪化：5.8％，廃棄物処理：4.5％，蚊の襲来：2.6％，雇用不足：2.7％となっている[25]。交通混雑が5人に1人の割合でもっとも深刻な都市問題と認識されているものの，集積度としては極端に高いということではない。

先ほどのミルプール地区の中間層住民の間では廃棄物処理が他の問題に比べて比較的深刻だと捉えられていたのに対して，ダカ市全体では交通混雑があげられていた。中位から上位の中間層が居住する地域で，1980 年代以降都市開発計画に基づいて急速に開発が進んできた新興住宅地のミルプール地区でも，以前に比べ，交通混雑は激化してきたものの，ダカ市の中心部の幹線道路の交通混雑に比べるとその比ではない。回答の拡散傾向及び筆者の現場での観察調査からでも理解できたように，ミルプール地区では特定の都市問題が突出しているということではなく，様々な問題が同時に浮上しつつあるといった方が正確である。

ところで，ミルプール地区の低所得層居住区では都市問題はどのように認識されているだろうか。まず，最も深刻な問題として排水問題・道路の冠水が全体の回答者の半分近くを占める。排水問題と性格が類似する下水処理問題を含めると，低所得層居住区（ボスティ）は排水・汚水の処理に関わる問題にいかに弱いかが理解できる。2位以下の順位の都市問題として上水供給，さらには廃棄物処理と停電が来ている。

以上，両居住区において都市問題の項目の深刻度や重要度を見てきた。中間層居住区と小規模なボスティ（低所得層居住区）はほぼ隣接しており，中規模なボスティとは直線距離にしてわずか300〜400 mしか離れていないものの，両居住区での都市問題の現れ方・感じられ方はかなり異なっていた。階層が異なるとはいえ，課題が同一であれば，両地区はほぼ同一地域にあるので統一して当該選挙区選出の市会議員や国会議員の政治力を借り，行政，その中でも当該課題の解決に責任を有する特定の部局（例えば，上水道の課題であればダカWASA）に圧力をかけることも可能である。しかし，実際のところ重要課題自体の優先順位が異なり（中間層にあっては生活環境への満足度も拡散傾向），あとでも触れるように双方の交流が全くないといった状況下では，中間層内が結束して，さらには双方が協力し合って問題を解決すべく統一した運動を展開するという可能性は現れてはこない。

(4) 公的廃棄物処理サービスへの不満（認識の共有）

ミルプール地区の中間層居住区での廃棄物処理問題に対する深刻度の相対的高さは，質問18の回答結果で再確認できる。2人の「回答拒否者」を除き，現在のDCC（ダカ市役所）の廃棄物処理サービスに「満足」との回答者数は4人に過ぎず，他はすべて「不満足」と答えている。低所得層居住区でも大半が「不満足」と答えている[26]。自治体による廃棄物処理事業への住民の根強い不信感や不満を表しているこの回答傾向は途上国ではごく一般的なものである。

筆者が10年前に行ったダカ市の高所得層居住区（一部は上位中間層地区）における調査においても，「市の保全局が設置している道路上の廃棄物一次蓄積用のコンテナやコンクリート製のゴミ箱を使うにあたって何か問題・不

便はあるか」という質問に対して，73人が「問題・不便がある」と答え，「問題・不便なし」との回答者数49人をはるかに上回っていた[27]。この時の質問自体は，DCCの廃棄物処理事業に対する満足度を直接尋ねたものではないが，廃棄物処理過程において一次蓄積所は住民にとって住居の近くにあり，迅速かつ適正に処理されないと不快を感じさせると同時に病原体の発生源になりかねないという重要な場所である。高所得層居住区の場合，住民が公的な廃棄物管理事業の財源として多額の税金を支払っていることや行政施策に影響力を持つDCCの上級職員や政治家などと深い関係を保持しているので，他の中間層居住区域や低所得層居住区域に比べ，よりきめ細かな廃棄物管理サービスを受けている。しかし，そのような地域であっても住民の廃棄物管理事業への不満が募っていることが理解できたわけである[28]。

　このDCCの廃棄物管理サービスに対しての不平・不満は，ミルプール地区の両階層地区にも共通するものである。

⑸　廃棄物処理事業への関心度と改善への自発性・積極性

　しかし，上記のように不満を露わにしているとはいえ，住民たちは廃棄物処理事業への関心・興味ならびに改善への積極的・自発的態度を有しているわけではない。質問19ではDCCの廃棄物収集車の回収頻度を尋ねているが，中間層居住区では「知らない」が半数近くに達している。たとえ「知っていた」としても，「毎日」，「週1回」，「週3回」など回答は同一ではない。回答上の相違点の存在は知識上の正確さの欠如を示している。すなわち，さほど注意深く観察をしたり，情報収集に努力したりしていない，換言すれば，あまり関心・興味を持っていないことを意味している。

　質問20は，市役所が行っている廃棄物管理サービスに対する不平・不満の有無を尋ねている。質問18で市の廃棄物管理サービスに対して「不満足」との中間層の回答者の中では，「不平・不満はない」と回答している者は5人とわずかで，大半は何らかの不平・不満を持っている。他方，低所得者層では市の廃棄物管理サービスに大半が不満足であったにもかかわらず，不平・不満を尋ねた本質問では半々に分かれている。中間層と低所得層間のこの差は，市の行政に対する距離，すなわち，心理的物理的な近接性の相違を表

している。一般に，学歴の高い中間層は，行政の役割を理解し，税負担者としてその責任を追及する。同時に，家族・親戚・友人の中に現業部門以外の公務員（Class I，II，III）がおり，公務員の評判の芳しくない勤務実態を熟知しているからである。

不平・不満の対象が誰かを特定する質問（質問20）については，中間層では，区の保全官（Conservancy Inspector）が1位を占め，僅差で保全局長（Chief Conservancy Officer）が続き，少数ながら市会議員，市長があがった。特に，選挙という手続きを通じて選出された市会議員や市長より，直接廃棄物管理にあたっている担当官に不満・不平が集中していることは行政に対していかに厳しい眼差しで見ているかが理解できる。他方，低所得者層では，保全局長と市会議員に絞られている。

(6) 地域社会内と地域社会間での協同性に対する意識と態度

行政サービスが行き届いていない途上国においては地域レベルでの様々な都市問題を解決するにあたって，地域社会の構成員間，さらには地域社会間の連帯・共同性が重要な課題となってくる。では，双方の調査対象地区で連帯・共同性は住民にとってどのように認識されているのであろうか，そのことをここでは検討していく。まず，質問21は近隣の地域社会への関心の有無を尋ねている。中間層居住区では「関心がある」19人，「関心がない」22人と双方の回答がほぼ拮抗している。それに対して，低所得層居住区では「ある」との回答者3人を除けば，大半が近隣地区には関心を示してはいない。双方の近隣地区への関心度のこのような相違には，少なくとも以下のような2つの原因が考えられる。

1点めは，居住者の教育水準や所得に起因する環境問題解決への意識の相違である。前述したように，中間層の大半は教育水準が高く，地球環境問題や地域の環境問題に関する知識を有していると同時に，保健・衛生に関する豊富な知識ゆえに自らの生活環境を整えている。地球環境問題の解決は一国レベルだけでなく世界レベルで他者と協力して取り組まれなければ達成できないものである。認識の上だけでのことかもしれないが，彼らはそのような近隣社会を含む他者との連帯・共同性を考えているのである。他方，低所得

写真 3-5 新興住宅地での低所得層と中間層の集合住宅

層の場合,教育水準が低く所得も低いことに加え,情報の入手手段が極力限定されていることから,環境問題への関心は当該地区の排水・下水関連とある程度限定されている。裏を返せば,同問題が住民にとっていかに深刻であるかを示唆しており,局地的な問題以外の問題を見えにくくしてしまっているとも言える。

他の要因は周辺地区の居住者の均質性にかかわることである。前述したように,ミルプール地区は都市開発計画に基づく中間層向けの広大な新興住宅群として開発され,通常,一戸建てや3〜6階建てのフラットといった建造物から構成されている。したがって,広大な居住地域の中に物理的・心理的な境界線を引くのは難しく,均質性故に,漠然とした近隣地域社会への関心を有することになる。

他方,低所得層居住区では,親戚や同郷者が多く,また,噴出する問題に対して集団で対処する必要性を十分認識しているので地域社会の中での連帯感や共同性は中間層に比べ高いと考えられるが,しかし,その自己完結性及び周囲の中間層居住区との不均質性ゆえに中間層居住区の地域社会とはほとんど交流を持っておらず,関心が薄いといったのが現状である[29]。

地域社会間の関係はそのように把握されるとして，では，地域社会内の均質な住民間での関係はどうであろうか。まず，教育や防犯などの身近な問題を相談できる者の有無を質問22は尋ねている。中間層居住区では何人かは兄や親と答えている回答者がいるが，地域社会内での近隣づきあい，特に共通課題に関する地区内の住民とのコミュニケーションに焦点をあてているので，同居している親族は除く必要がある。それらの回答を除いた場合，相談相手を有する者は全体の約4分の1であり，その内訳は，市会議員（ウォード・コミッショナー）[30]，住宅地所有者組合関係者，友人などとなり特定されているわけではない。

低所得層居住区では，大半の者は「いない」と答えているが，「いる」との回答者の場合，相談相手はボスティ協議会の会長に集中している。ボスティ協議会は，過去にボスティ敷地内の汚水・排水溝の修繕を市役所に要請したり，NGOからの提案であった廃棄物のコンポスト化計画を行う際にも指導的な役割を果たしたといった実績を持っている[31]。

調査結果は示さなかったが，質問16では，「政治」，「教育」，「経済成長／貧困緩和」，「医療・保健衛生」，「廃棄物処理を含む環境」の5項目のうち関心が高い項目を優先順位の高いものから3つ選んでもらった。結果としては双方の地域社会で関心が最も高い項目は教育であった。他の項目を圧倒するほど高いものであった（ちなみに，2位は経済成長／貧困緩和，3位は医療・保健衛生であった）。にもかかわらず，居住区内には教育や防犯などでの相談相手がおらず，相談ができないという矛盾を抱えている。特に，教育問題は教師だけに，また，防犯問題は警察に任せばいいというものではない。途上国にあって，教員や警察の能力や勤労意欲が低いという状況においては，なおさら地域社会の構成員が学校教育への支援に関わる必要がある。

そのような現状下，教育・防犯などの分野での問題解決にあたって，地域住民の統一行動が必要と回答している者が双方の居住区で大半を占めている（質問23）。実際，統一・共同行動をとるためには実動組織が必要となる。そのような組織への参加意志と参加形態については，中間層の場合，回答拒否者を除けば「役員となって積極的に参加する」という回答者の割合が半分に達している。しかし，参加の意志が全くない者も7人いる。低所得層では，

役員になるとの回答は30人中6人にとどまり，中間層に比べて低い。逆に，参加意志がない者は12人にのぼり，意識が態度・行動に結びつくのがいかに難しいかを示している。これらの結果から，中間層では，組織の形成，問題解決へのモティベーションは高いが，内部では全員がその方向で一致しているわけではない。低所得層にあっては，ボスティ協議会のような既存組織への全面的依存，諦念，指導力の発揮方法に関する知識の欠如などの理由からなのか，積極的に指導力を発揮し，改善を進めようとする姿勢が見られない。

3．小　括

　ここでは，本調査の対象である中間層居住区ならびに低所得層居住区での環境に対する住民の意識・認識・態度，それに基づく協力・信頼関係についてその傾向を簡潔にまとめてみたい。まず，中間層の場合，教育やマスメディアの受容により環境に関する知識はかなりあった。現在の生活環境に対しては，やや不満足の傾向が強いものの，満足・不満足間にかなりのばらつきが見られた。公衆衛生や美観に関係するDCCの廃棄物管理サービスについては大半が不満を持っていた。都市問題の中で優先して改善・解決すべき項目としてその都市廃棄物管理は1位であったが，集積度が非常に高いというわけではない。都市環境問題を解決するための共同の取り組みは必要と考えており，組織の役員になりたいとの意欲もかなりあることが理解できた。現時点では，地域社会をまとめる社会集団組織がなく，統一した住民同士の環境保全活動はみられない。環境NGOのWCによる戸別廃棄物回収活動は見られるが，住民にとってそれはあくまで受動的な参加の取り組みでしかなく，それを起点に他の自発的保全活動を企画・実施することにまで連動していない。したがって，今のところ，環境共生を実現するための可能性は少ないと言える。

　他方，低所得層の地域社会では，環境NGOのWCによって指導されている改良型ドラム缶を通して自らの手で厨芥のコンポスト作りという共同作業を行っていること，深刻な環境問題として排水処理問題に住民の認識が一致していること，ならびにボスティ内の生活環境を整備するボスティ協議会

という地域社会組織の存在があることなどから，住民内のある程度の結束は存在すると考えられる[32]。しかし，環境問題は周囲の日常生活レベルの可視的なものに限定されており，自然環境との共生の必要性など学校教育やマスメディアを通してしか吸収できないような知識はあまり有していない。その背景には経済的・時間的・精神的余裕が不足していることを指摘できる。したがって，住民においては近隣社会への関心度は極力低くなっている。同時に，不満を抱えてはいるものの，環境問題の解決のための組織の役員になる意欲を持った住民は少なく，組織に参加する意志すらない住民が多くいた。ここから中間層とは逆に住民を結束する条件はある程度整っているものの，環境共生を実現するための自発的な活動に踏み出そうとする意欲・意志は低いと言うことができる。

さらに，双方の地域社会間の関係を見ると，調査項目で回答が共通するものは，①公的廃棄物管理サービスに関する不満＝行政に対する批判・非難の目，②地域社会の教育問題の解決や防犯にあたっての統一した取り組みの必要性の認識であった。前者については，両居住区を結節するものとして注目されるが，しかし，行政への批判を通しての地域社会間の関係の強化は，行政との協働という「環境共生」実現のために必要な要素からみれば，阻害要因として働きかねない。したがって，後者の働きに注目する必要がある。これについては「むすびにかえて」で触れたい。

バングラデシュ・ダカ市での地域住民においての「環境共生」型社会の実現の低い可能性といった現状の中で，「環境共生」型社会をどのように構築するのか，最後にそのことを考えてみたい。

むすびにかえて

先進国同様，開発途上国でも環境問題は重要な課題として取り上げられるようになり，自然環境をできるだけ破壊することのない環境共生型の社会を築くことが求められてきている。ここでいう環境共生とは自然環境と人間社会との調和を意味するだけでなく，人間と人間との共生も重要な要素として

認識されており，それがなければ環境配慮型や環境共生型の社会の形成はありえない。

本章では，環境の諸要素に関連する形で地域社会での個人と個人の関係，諸個人と諸集団・地域社会との関係，さらには地域社会と地域社会との関係に焦点をあて，社会関係資本という視点から南アジアでの廃棄物管理の事例研究を紹介し，その後に筆者の独自の簡易調査を通じて，バングラデシュ・ダカ市の地域社会内の住民の関係や地域社会間の関係を追求してきた。

そこでは，環境を取り巻く諸個人間の関係，個人と地域社会の関係，地域社会間の関係，地域社会と行政をはじめとする各主体間の関係がそれぞれ調べられ，その結果，現時点でダカ市の地域社会レベルで環境共生型の社会を構築することは難しいことが示された。ただし，中間層及び低所得層の大半が地域社会での教育・安全・環境保全上の統一した取り組みの必要性を認識していた。環境共生型の社会構築のために肝要なことは，その統一した取り組みを計画・実施するにあたりどのように枠組みを作っていくかである。現実に考えられる可能性として以下の2つの方法を指摘することができる。ただし，それを考えるにあたり念頭に置いておく必要があるのは，ダカ市の市街地のかなりを占める中間層新興居住区では日本の自治会・町内会組織やインドネシアのRW/RTといった一定の地理的・社会的空間をまとめる組織・原理が存在しないということである[33]。

では，いかなる方法であろうか。1点めは，地域社会に入り専門分野での活動を展開している様々な分野のNGOが地域社会レベルでコンソーシアムを作り，住民代表とともに当該地域社会の全般的な分野にわたる諸計画を策定し，住民と一緒に実施していくという方向性である。前述の環境NGOのWCの活動に見られたように，NGOは様々な分野で都市の地域社会で活動を行っているが，地域社会レベルでの相互の連携・連絡はほとんどない。また，活動量も少なく，行政機関ほどではないが，非効率さがまだ目立つこともある。そこで，地域社会の住民代表を中心として設置されたコンソーシアムによって，NGOは相互に連携をとることができ，人材・予算をより有効的に活用することができる。

もう1点は，現在，国際協力機構（JICA）とダカ市役所（DCC）が共同で

作成している廃棄物管理のマスタープラン中に見られる地域社会での新たな組織作りモデルである。これは廃棄物分野及び中間層居住区にその対象を限定したものであるが，ダカ市の区レベル（総数90区）で区廃棄物管理委員会と作業部会を作り，そのもとに地域社会作業部会をおくという計画である。地域社会作業部会は世帯によって構成される。さらに，この区レベルの住民組織とダカ市役所清掃局・区清掃部局の間の協力体制・関係作りが同清掃局内地域社会担当調整係に一任されるという構想である[34]。

とはいえ，双方の方法において注意を要するのは，Beall も指摘していたように多大なる政治権力を有し，また，地域社会の様々な有力者との人的関係を保持する市会議員の影響力である。彼らが環境共生型の社会を実現するために地域社会をまとめる一翼を担ったり，当該地区における行政による諸施策の迅速なる実行のための橋渡し的役割をつとめる限りにおいては問題は生じないと考えられる。しかし，彼らによって政争の道具に人脈が利用されたり，自らの利権獲得のために地域社会が意図的に分断されたりした場合，大きな障害や損失が発生するのは確かである。

注

1) 内藤正明，「環境共生型の文化都市をめざして」『環境』86号，1999年3月，13頁。
2) 本谷勲，「環境教育」環境教育事典編集委員会『新版　環境教育事典』（旬報社，1999年）74頁。
3) 1994年までの都市研究のレビューについては Islam, Nazrul ed., *Urban Research in Bangladesh*, Center for Urban Studies, Dhaka, 1994 に詳しい。その中に都市社会学の分野も含まれているが，本章が対象とする地域社会を取り巻く環境を扱ったものは皆無である。
4) J. Beall は，清掃人や女性への偏見・差別の観点から清掃業や廃棄物回収業を捉えている。彼女によれば，中間層以上の男性が廃棄物問題に真剣に取り組まない理由をその偏見・差別に求めている。より詳しくは，Beall, Jo, 'The role of households and livelihood systems in South Asia', *Water Lines*, Vol.17, No.3, Jan. 1999, p.13 を参照のこと。
5) 国際協力事業団国際協力総合研修所，『開発途上国都市廃棄物管理の改善手法』国際協力事業団国際協力総合研修所，平成5（1993）年11月では，途上国の都市廃棄物管理に関する事業計画策定上の配慮事項が記されている。その中で，都市廃棄物管理の社会・文化的側面にも焦点があてられ，その中心的な課題としてスカベンジャー

（ウェイスト・ピッカー）への対応，都市辺境区域（UFA）における都市廃棄物管理，ごみ教育が取り扱われている。2003年度の国際協力機構国際協力総合研修所主催の「開発途上国に対する廃棄物分野の協力の方向性」研究会には筆者も一員として加わり，都市廃棄物管理の社会配慮事項を担当した。報告書では，清掃業・清掃人の歴史・社会文化的背景，ウェイスト・ピッカーや有価廃棄物回収業者のインフォーマル部門，コミュニティ・ベースの廃棄物管理，環境教育・公共意識の醸成と住民参加の4項目に焦点を絞り解説を行った（報告書名『開発途上国廃棄物分野のキャパシティ・デベロップメント支援のために』独立行政法人国際協力機構国際協力総合研修所，2004年11月発行）。筆者の執筆内容は主に筆者自身の現場調査・文献調査に立脚しているが，そこに見られる10年前の報告書の内容との相違は，国際協力機構（旧国際協力事業団）内での都市廃棄物管理における社会配慮面（社会関係資本をめぐる議論を含む）の位置づけや必要性の差として表れている。

6) 国際協力事業団「ソーシャル・キャピタルの形成と評価」研究会編，『ソーシャル・キャピタルと国際協力―持続する成果を目指して―［総論編］』国際協力事業団国際協力総合研修所，2002年8月，8‐9頁。

7) 同上，11-18頁。

8) 同上，34-38頁。

9) ここで断っておく必要があるのは，本来，彼女は先に述べたPutnamへの批判論者であり，社会関係資本の概念設定自体に懐疑的な態度をとっていると考えられる。しかし，JICA研究会による社会関係資本の定義によれば，彼女の議論は十分社会関係資本の枠組みの中で捉えられる。

10) Beall, Jo, 'Policy Arena―Social Capital in Waste : a solid investment?', *Journal of International Development*, Vol.9, No.7, 1997, p. 954.

11) 筆者の数多くの場所での観察では，南アジアの特徴は，単にNGOやCBOが回収に各世帯を回り，各世帯が廃棄物を渡すというだけのものにとどまっている場合が多い。NGOやCBOの大半がそれを一般に「住民参加型の廃棄物管理」と理解している。しかし，本来の「住民参加型の廃棄物管理」で住民に求められるのは，単なる廃棄物の手渡しだけでなく，廃棄物の減量化，リサイクルや環境教育に関係する企画の策定作業・実施活動への自発的・積極的な参加でもある。

12) 次節でとりあげるダカ市での調査対象である中間層居住区では「Waste Concern（WC）」という環境NGOが廃棄物の戸別回収を事業化している。同事業における戸別回収作業，コンポスト作り作業などを通しての雇用創出と貧困緩和が評価され，彼らは国連開発計画（UNDP）から2002年度の貧困削減賞を受けている。

13) Beall, 'Policy Arena―Social Capital in Waste : a solid investment?', *Journal of International Development*, Vol.9, No.7, 1997, p. 955.

14) *Ibid*., pp. 958-959.

15) Pargal, S., Gilligan, D. & Huq, Mainul, *Private Provision of a Public Good : Social Capital and Solid Waste Management in Dhaka, Bangladesh*, Social Capital Initiative Working Paper, No.16, Washington D. C., The World Bank, pp. 11-13.

16) *Ibid*., p. 17.

17) *Ibid.*, p. 25.
18) 詳しくは，三宅博之,「バングラデシュ・ダカ市の一般廃棄物処理への清掃 NGO の参入とその役割」穂坂光彦・篠田隆編『南アジアの都市環境マネジメント』文部省科学研究費・特定領域研究（A）「南アジア世界の構造変動とネットワーク」2001 年を参照のこと．
19) Nasiruddin, Mohammed, *Improving the Collection of Domestic Waste through Community-Based Scheme—Case Studies of Dhaka, Bangladesh*, M. Sc thesis of Institutes of Housing and Urban Development Studies, Rotterdam, Jan. 2002, pp. 47–48.
20) 2003 年 10 月 1 日土地所有者本人からの聞き取りによる．
21) 本低所得層居住区ではないが，参考までに述べておくと，1977 年に実施されたオールド・ダカ（旧市街地）の Suritola 地区のスラム調査結果では，地域社会の主要な問題を集合的に，かつ共同して取り扱う社会組織や利益集団は地域社会内には存在しなく，また，基本的な社会的必要物を満たすことを目的とした住民主導の正式な組織もないことが述べられている．

   Islam, Nazrul & Khan, Syed Ahmed, *Suritola : An Inner-city Slum in Dhaka, Bangladesh* (*Final Report*), Centre for Urban Studies & Dept. of Geography, Univ. of Dhaka, 1977, p. 22.
22) CNG タクシー導入の背景には，単に環境面からのアプローチだけでなく，近年，同国内で天然ガスの産出量が飛躍的に増加したといった燃料供給事情があることも見逃してはならない．
23) 偶然にも，筆者は CNG タクシーへの一斉切り替えの日をダカで過ごした．法律が制定されたとしても，厳格には遵守されえないバングラデシュのことなので，一斉切り替えといえどもその様子は想像だにできなかった．しかし，昨日まであれだけ数多く走っていたベビー・タクシーの姿は全くと言っていいほど見られず，緑色のボディをした CNG タクシーばかりが目立っていた．緑色のボディの上には環境保全・配慮に関するスローガンが書かれたものもあった．

   当日，乗った CNG の運転手に行き先を告げ，料金を尋ねてみると，以前のベビー・タクシーの倍になっていた．km あたりの燃料代は，CNG タクシーの天然ガスのほうがベビー・タクシーの軽油よりはるかに安いにもかかわらず，その料金が提示されたのであった．最初は，外国人に対する例の「特別」料金かと思ったが，他の CNG タクシー運転手やバングラデシュ人の知人に尋ねても同様の答えが返ってきた．その背景には，当時の政府の失策がある．ベビー・タクシーの一斉切り替えは評判がよかったものの，その数を補うだけの CNG タクシーが導入されなかったこと，さらには CNG タクシー用の天然ガス供給ステーション数が圧倒的に不足，CNG タクシーが長蛇の列を作ったという，それまでの需要と供給のバランスが急に崩れ，料金が高騰したことは市民に不評を買った．ベビー・タクシーを取り巻く事情については，高田峰夫,「ベビーからタクシーへ―バングラデシュ印象記 2002 年 8 月」『遡河』13 号，2002 年 11 月を参照のこと．
24) 現在，ダカ市役所ではダカ市内や近郊の低地 2 箇所（既存のマトゥアイル最終処分

地の北側の拡張とダカ市の西側 4 km, ダカーアリチャ道路沿線にあるアミンバジャール地区) を新たな最終処分地の候補地として選び, 実現可能性を探っている状況である。

25) Islam, Nazrul & I. Nazem, Nurul, 'Megacity Problems—options of leaders and citizens', *CUS Bulletin*, Dec. 1997, pp. 9-10.
26) 2003 年 10 月からダカ市の廃棄物管理マスタープラン作成事業計画に携わっている JICA 調査団の「DCC (ダカ市役所) の廃棄物収集に対する満足度」を調査した結果によれば,「不満足」との回答者割合が, 低所得層では 77 %, 中間層では 72 %, 高所得層では 42 % に達している。ちなみに,「収集時間」「一次蓄積所・コンテナ周辺の廃棄物の散乱状況」「一次蓄積所・コンテナからの距離」といった 3 つの不満足の理由の中で最も高かったのは, 低所得層では「一次蓄積所・コンテナからの距離」, 中間層と高所得層では「一次集積所・コンテナ周辺のゴミの散乱状況」となっている。JICA 調査団佐藤彰祝作成 'Pilot Project-A, Ward Solid Waste Management: Overview and Progress of Pilot Project for Formulating M/P of Solid Waste Management in Dhaka City' のプレゼンテーション用資料から引用。
27) Miyake, Hiroyuki, 'New Phase of Waste Disposal Project in Dhaka, Bangladesh—middle class awareness of garbage composting and activities of cleaning NGO "Waste Concern"', *Journal of Asian-Pacific Studies* (Asian Pacific Center, Fukuoka), No.9, Sep. 2001, p. 70.
28) 廃棄物管理問題以外でも高所得層が居住するダンモンディ地区, グルシャン地区では, 近年, 隣接する小さな湖 (面積上, 池との呼称が適切と思うが, 地元では「レイク」と呼ばれている) の水質が多量の廃棄物や生活雑廃水により急速に悪化し, 異臭が漂うという事態が起きた。住民たちは地域社会の環境保護を訴える組織を創設し, 水質改善キャンペーンを行い, 市役所や政府に改善を要求した。
29) このことに関連する資料として, 新津晃一編, 『現代アジアのスラム―発展途上国都市の研究』 (明石書店, 1989 年), 80 頁の途上国スラムの逆機能的側面と順機能的側面を示す図を参照のこと。
30) 地域社会におけるウォード・コミッショナー (市会議員) の廃棄物管理の役割については, Dhaka City Corporation & JICA, *The Study on the Solid Waste Management in Dhaka City : Clean Dhaka Master Plan—Progress Report*, Pacific Consultants International & Yachiyo Engineering Co., Ltd., March 2004, pp. 2-16 を参照のこと。
31) 2004 年 10 月 1 日 Shah Ali Bagh Basti においてボスティ協議会会長からの聞き取りによる。
32) ダカ大学の CUS の調査によれば, バングラデシュの農村・都市ともに親族関係は生活の社会経済的側面で重要な働きをするが, 農村に比べ, 都市での貧困層の場合, 親族関係や親族による恩義は弱いか, ほとんどないに等しいとの結果がでている。その理由として, 生存のために一生懸命労働しなければならず, 親族に対して時間的経済的余裕を分け与えることはできず, 結局, 農村で感じる親近性を維持することができなくなっているということをあげている。詳しくは, Mahbub, A. Q. M. &

Khatun, Hafiza, *The Urban Poor in Bangladesh*, Vol. IV, Centre for Urban Studies, Dhaka, 1989, p. 63.

33) 日本の自治会・町内会組織については、倉沢進、『コミュニティ論―地域社会と住民活動―』（放送大学教育振興会，1998年）や鈴木広監修，木下謙治・篠原隆弘・三浦典子編，『地域社会学の現在』（ミネルヴァ書房，2002年）などを、また、インドネシアのRW/RT組織については、吉原直樹、『アジアの地域住民組織―町内会・街坊会・RT/RW―』（御茶の水書房，2000年）や倉沢愛子、『ジャカルタ路地裏フィールドノート』（中央公論新社，2001年）などをそれぞれ参照のこと。

34) Dhaka City Corporation & JICA, *The Study on the Solid Waste Management in Dhaka City : Clean Dhaka Master Plan—Interim Report*, Pacific Consultants International & Yachiyo Engineering Co., Ltd., Sep. 2004, pp. 1-15.

　ちなみに、前述のJICAのソーシャル・キャピタル研究会においては、このような橋渡しをソーシャル・キャピタルの一つと捉え、JICAの国際協力事業におけるこの橋渡し型ソーシャル・キャピタルの有効活用の必要性・重要性を強調している。詳しくは、国際協力事業団「ソーシャル・キャピタルの形成と評価」研究会編，前掲書，32-33頁参照。

第 4 章

ベトナムにおける経済開発と共生問題

はじめに

　1986年の市場経済導入政策（ドイモイ政策）後，ベトナムは急速な経済発展を遂げつつある。特に，1987年の外資導入法制定により100％外資による事業運営が可能になったこと，1994年のアメリカによる経済制裁の解除，1995年のASEAN加盟とアメリカとの国交正常化などの社会経済的環境の変化はベトナムの急速な経済発展の追い風となってきた。その結果，GDP成長率は1995年9.5％，97年9.0％，01年6.8％と高水準にある[1]。また，ドイモイ政策導入の一因となったインフレについても，消費者物価上昇率は95年の12.5％から01年2.0％と沈静化し，国民経済の状況も安定化してきている（表4-1，表4-2）[1]。

　しかし，順調な経済成長の一方で労働安全衛生問題や環境問題，都市の過密化などの問題が顕在化しつつある。例えば，労働安全衛生に関してみると，その問題の所在は旧来の老朽化した設備・技術のみにあるのではなく，外国から導入される技術・設備にもあることが報告されている。1987年以降ベトナムに導入された技術・設備をベトナム政府は「新技術」としているが，実際にはその多くが国際水準で見ると中古の設備や古い技術であり，決して「新技術」ではないことが明らかとされている。例えば，ベトナム国立労働保護研究所によって行われた調査によると，1988年以降42の工場に諸外国からベトナムに移転された420の生産設備や機械のうち，実に76％が1950年から1960年に製造されたものであり，70％が保証期間を過ぎているものであることが明らかにされている[2]。また，同調査結果によると諸外国

表4-1　ベトナムの概況

```
●人口：1995年7,200万人→2000年7,764万人
●経済状況
  —GDP成長率：1995年9.5％，97年9.0％，01年6.8％
    ・高水準を維持
  —消費者物価上昇率：95年12.5％，01年2.0％
    ・沈静化
●近年の経済改革
  —1986年の市場経済導入（ドイモイ）
  —1987年の外資導入法
  —1994年のアメリカによる経済制裁の解除
  —1995年のASEAN加盟とアメリカとの国交正常化
```

表4-2　経済の現状

(単位：GDP，10億ドル（ただし1ドル＝10,000ドン))

	1995	1998	2000
全国	22.9	36.1	44.2
	100.0％	157.7％	192.9％
国	9.2	14.4	17.0
	100.0％	157.0％	185.0％
地方自治体	2.3	3.2	3.8
	100.0％	139.6％	164.7％
民間	0.7	1.2	1.5
	100.0％	173.0％	209.3％
家庭	8.2	12.2	14.3
	100.0％	148.1％	173.1％
混合	1.0	1.4	1.7
	100.0％	139.7％	175.3％
外国からの投資部門	1.4	3.6	5.9
	100.0％	251.0％	406.3％

GDPは順調に伸びているが特に外国からの投資によるところが大きい。

から技術を導入した作業場においては，旧来の生産設備（旧東欧製およびベトナム製）に比較して，暑熱，粉塵，騒音，振動，照明といった古典的な作業環境リスク[注1]については減少しているものの，有毒性ガスについては不変，化学物質および放射性物質についてはその曝露リスクが増大している。また，古典的な作業環境リスクについては，新技術導入によって軽減したといっても，依然高いレベルにあることが報告されている。

そして，環境問題に関しても旧来からの工場および市場経済移行後に導入された新生産技術を用いている工場の両者が共に，ハノイ，ホーチミン，ハイフォンといった工業地帯において，その地理的広がりはまだ限局してはいるものの深刻な環境汚染を引き起こしつつある。例えば，ハノイにおいて行われたいくつかの工場周辺の環境調査結果によると，調査対象となった63の工場のうち11の工場から，労働者と周辺住民がじん肺症になるのに十分な粉塵の排出が生じていること，また別の調査では77の工場のうち11の工場において呼吸器障害を起こしうるレベルの有毒ガスが放出されていることが報告されている。さらに，ベトナム北部最大の工業地帯であるハイフォンにおいては旧式の生産設備を使用しているセメント工場が，許容濃度の3～8倍にあたる1.4～4.2 mg/m³の粉塵を工場周囲に排出し，その汚染が1 km離れた住居地区にまで及んでいることが報告されている[3]。

また，工業化の進行に伴いベトナム北部では炭鉱地区，港湾地区とハノイ，ハイフォンといった大都市間の物資の輸送量が近年急速に増加しており，幹線道路沿いの大気汚染が顕在化しつつある。さらに不十分な都市計画による慢性的な交通渋滞や粗悪な燃料やエンジンが大気汚染を悪化させている[4]。

1992年の国連環境会議（リオサミット）に起草国の一つとして参加していることからもわかるように，ベトナム政府の環境問題に対する関心は高い[5]。また，投資に先立って現地の環境調査機関による環境影響評価を義務づけるというように，環境問題はベトナム政府にとって貴重な外貨獲得手段ともなっている。しかし，人的・物的資源の不足のためにベトナムにおける急速な経済成長に伴う環境問題の現状については残念ながら十分なデータはなく，適切な環境対策を行っていく上で障害となっている。また，環境行政

図 4-1　ベトナムの保健衛生問題

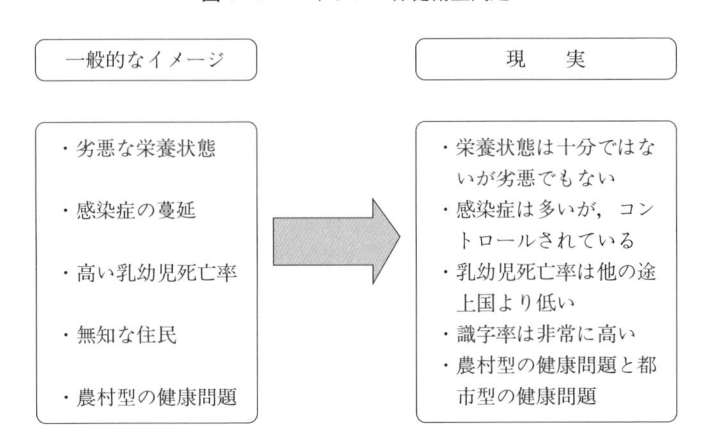

一般的なイメージ	現　　実
・劣悪な栄養状態 ・感染症の蔓延 ・高い乳幼児死亡率 ・無知な住民 ・農村型の健康問題	・栄養状態は十分ではないが劣悪でもない ・感染症は多いが，コントロールされている ・乳幼児死亡率は他の途上国より低い ・識字率は非常に高い ・農村型の健康問題と都市型の健康問題

や環境法規の改善も課題である。

　一般的に途上国における保健衛生に関連する問題は，不十分な衛生状態や低栄養，あるいは感染症の蔓延といった農村型のイメージで語られがちである。しかしながら，多くの途上国における保健衛生問題は，現在，以上説明したような急速な都市化に伴って発生している（図4-1）。豊かな生活を求めることは人間の基本的欲求であり，それが途上国の生活を従来の自給自足的なものから，消費社会型のものにしている。その過程で発生する環境問題にどのように対処していくかが，ベトナムのみならず他のアジア諸国においても重要な「共生」問題となりつつある。

　本章では筆者がアジア太平洋センター（現福岡アジア都市研究所）のプロジェクトで行った調査結果を主体に，ベトナムにおける経済開発と環境対策の共生について論じてみたい。

　なお，本章では「共生」を，経済発展と環境対策との「調和」及び経済発展に伴って生ずる都市と農村の社会経済的な格差から生ずる両者間の緊張関係の「調和」という視点から論じてみたい。

第4章　ベトナムにおける経済開発と共生問題　121

第1節　ハノイの概要

　本節では，まず，筆者がこれまで研究フィールドとしてきたハノイの概要について説明する。海外における調査や研究成果の理解には，対象地域の歴史的，地理的，文化的背景を知っておくことが前提となると考えるからである。

　ベトナムの首都であるハノイは北部の紅河デルタに位置し，陸路のみならず，水路，空路の要衝となっている。ハノイは1010年にLy Thai Toがここに王朝を設立して以来の首都であり（かつてはタンロンThang Longと呼ばれた），世界でも有数の古都である。気候は熱帯モンスーン型で四季がある。ハノイ地域の面積は920.97 km²で102の町から構成される7つの都市区域と126の町村から構成される5つの郊外区域に区分される。人口は約276万人で人口密度は2,993人／km²となっている。1989年の国勢調査によればハノイには33の民族が居住しているが，その大部分（99.54％）はキン族である。

　首都であるハノイは商業の中心であるホーチミン市などと同様，特別市となっており，その行政はハノイ人民委員会によって行われている。ハノイ人民委員会の下には各地区の人民委員会，さらにその下には町村の人民委員会があり，それぞれのレベルでの行政をつかさどっている。また，各レベルに対応して人民評議会があり，選挙によって選出された委員によって運営されている。

　ハノイの経済発展は著しく1991年から2000年の間に，国全体のGDPが平均7.5％の経済成長であったのに対し，ハノイ地区では11.6％の伸びを示している。産業別では特に重工業部門の伸びが13.8％と大きく，次いでサービス部門11.0％となっている。また，農業部門も4.5％と比較的大きい伸びを示している。2000年における1人当たりGDPは487ドルで国平均の約2.1倍となっている。ハノイ地区の主要工業は機械，繊維・紡績・皮革加工，食品加工，電器製品の4つであり，ハノイ郊外に新しく建設されてい

る工業団地に，多くは外資との合弁で運営されている。

　このような経済発展に伴い，農村部からの人口流入が続いており，また後述のように経済の自由化政策により，家族単位での小規模なビジネスが活発化している。これらの小規模なビジネスの多くは，ビジネスチャンスに関する情報にアクセスしやすく，また資本となる現金収入がある都市部の住民に有利であり，このことが都市部と農村部との経済格差拡大の要因となっている。

第2節　ベトナムの都市化とその問題

　図4-2はベトナムの都市化に関連した諸問題をまとめたものである。以

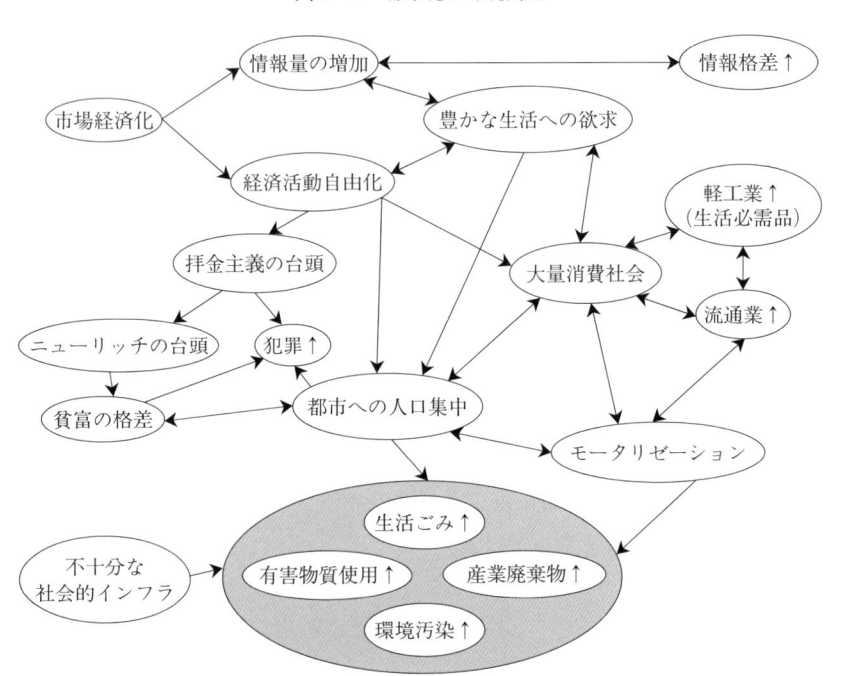

図4-2　都市化と環境問題

表4-3 都市化の現状

	1995	1998	2000
全国（千人）	71,995.5	75,456.3	77,635.4
	100.0%	104.8%	107.8%
ハノイ	2,431.0	2,621.5	2,739.2
	100.0%	107.8%	112.7%
ハイフォン	1,608.2	1,659.5	1,694.4
	100.0%	103.2%	105.4%
ホーチミン	4,640.4	4,957.3	5,226.1
	100.0%	106.8%	112.6%
都市部			
全国（千人）	14,938.1	17,464.6	18,805.3
	100.0%	116.9%	125.9%
ハノイ	1,274.9	1,496.4	1,586.5
	100.0%	117.4%	124.4%
ハイフォン	524.4	558.1	593.2
	100.0%	106.4%	113.1%
ホーチミン	3,466.1	4,110.8	4,380.7
	100.0%	118.6%	126.4%
農村部			
全国（千人）	57,057.4	57,991.7	58,830.1
	100.0%	101.6%	103.1%
ハノイ	1,156.1	1,125.1	1,152.7
	100.0%	97.3%	99.7%
ハイフォン	1,083.8	1,101.4	1,101.2
	100.0%	101.6%	101.6%
ホーチミン	1,174.3	846.5	845.4
	100.0%	72.1%	72.0%

1990年代においては都市への人口流入が加速した。特にハノイ，ホーチミン。

	1990	1995	2000
全国（千人）	29,412.3	33,030.6	36,701.8
	100.0%	112.3%	124.8%
国の組織	3,415.6	3,053.1	3,501.0
	100.0%	89.4%	102.5%
それ以外	25,996.7	29,977.5	33,200.8
	100.0%	115.3%	127.7%
部門別（千人）			
農業	21,189.8	23,071.9	24,325.5
	100.0%	108.9%	114.8%
製造業	2,293.7	2,643.3	3,207.8
	100.0%	115.2%	139.9%
建設	672.4	792.7	938.8
	100.0%	117.9%	139.6%
流通・修理業	1,373.3	1,936.5	2,714.4
	100.0%	141.0%	197.7%
運輸・倉庫・通信	625.6	761.2	929.2
	100.0%	121.7%	148.5%
行政	789.5	842.5	919.9
	100.0%	106.7%	116.5%
教育	753.7	844.6	941.0
	100.0%	106.7%	116.5%

職業部門別では流通・修理業，製造業，建設業，運輸・倉庫・通信業で労働人口が増加している。いずれも都市化に関連。

下，その具体的内容について説明する。

1．都市化の現状

ベトナムでは人口移動に関して地区の人民委員会による住所の厳格な管理が行われてきた。そのためドイモイ以前は都市一農村間の人口移動は少な

かった。しかしながら，ドイモイ以降，農村から都市への人口移動が加速化している。国勢調査の結果によると都市人口は1989年の19.4％から1999年の23.5％に増加している（表4-3)[1]。しかしながら国勢調査では一次的な移動や季節的な移動は含まれていないため，実際はさらに多いと考えられる。このような人口移動の加速化の原因としてはドイモイに伴う都市を中心とした経済発展がある。特に，市場経済化によりサービス部門や軽工業セクターといった未熟練労働者を吸収する部門が拡大したこと，及び社会の貨幣への依存が強まったことが指摘できる。また，経済の自由化によって，収入増へのインセンティブが国民の間，特に都市近郊の農村の住民で強まっていることも重要であろう。さらに，マスメディアの発達による農村への情報流入が，よりよい生活にあこがれる若年層を都市にひきつけている面もある。表4-3をみると1990年代においては都市への人口流入が加速しており，特にハノイ，ホーチミンでその傾向が強いことがわかる。

職業部門別では流通・修理業，製造業，建設業，運輸・倉庫・通信業で労働人口が増加しているが，いずれも都市化に関連している部門である。失業率は全国レベルでは6.44％でハノイ，ホーチミンなどの都市部より低くなっている。しかし，現在2,300万人いる農業従事者のうち，1,700万人が余剰労働力であると考えられており，失業問題は潜在的に大きな問題となりつつある。

2．都市化に伴う問題

(1) 都市部における問題

ドイモイによる市場経済化は生産・流通・販売の自由化を意味している。まず生産の自由化に関して，都市では日用雑貨，部品加工，修理・修繕などを主体とする家内工業が活性化している。その数はハノイ市内のみで1万以上，国レベルでは60万以上と推計されている[2]。ベトナムにおいては一定規模の工場を対象とした労働安全衛生，環境保護に関する規定は比較的整備されているが，上記のような家内工業はその対象外であるために，種々の産業保健・環境保健上の問題が生じている。例えば，多くの有害物質が，規制外で使用され，未処理のまま環境中に排出されており，種々の中毒症のケー

写真 4-1 ハイフォンの製鉄所の状況
旧式の炉で廃材をもとに鉄筋を製造している。
住宅地に隣接しているが，製造過程で出る煤煙などがそのまま放出されていた。

スも報告されている。しかしながら，その実態はほとんど把握されていない。こうした小規模工場の問題点はそれらが居住地域に混在していることである。例えば，小規模家内工場に隣接する居住地区の一般住民に鉛中毒や有機溶剤中毒などの職業病が発生していることが報告されている。また，旧式の工場から排出される環境汚染物質の問題も深刻である。写真4-1はハノイと並んで北部の主要産業都市であるハイフォンの製鉄工場の状況である。この工場ではくず鉄から建築用の鉄筋などを製造しているが，その過程で排

出される煤煙は，処理されることなく大気中に放出されていた。

　次に流通の自由化であるが，これにより農産物を農村から都市部へ運ぶ個人運送業が活性化している。ベトナムにおける主な輸送手段は二輪車であり，多くの荷物を器用に運んでいる風景にしばしば驚かされる。しかしながらこのような二輪車の多くは2ストロークのエンジンを使用しているもので大気汚染の原因の一つとなっている。また，ガソリンに関してもアンチノック剤としての鉛は法的に禁止されているが，実際には多く使用されている。このため主要道路沿いに住む児童において毛髪中の鉛濃度が高いことが報告されている[6]。さらに都市計画の不備と公共交通の未発達のために，渋滞の発生が常態化しており，低速走行による環境汚染物質排出量増加も大きな問題となっている。

　急速な都市化に伴う生活廃水やごみ問題もハノイやホーチミンなどの大都市では深刻な問題となっている。不十分な環境対策と住民の環境意識の低さから，生活ごみや生活廃水が未処理のまま環境中に投棄されており，ハノイ市内の湖沼及び紅河下流地域における汚染が進行している。ハノイには200kmにわたる地下下水道が建設されているが，保守管理がなされていないために，ほとんど機能しておらず，土壌汚染の原因となっている[5]。さらに前述の産業廃棄物や病院から出される医療廃棄物問題も深刻化しており，その対策が喫緊の課題となっている[5]。

(2) 農村部における問題

　ドイモイによる生産・流通・販売の自由化は農村の社会生活にも大きな影響を及ぼしている。ドイモイにより農作物販売が自由化したことで，農民に増産への強いインセンティブが働くこととなった。その結果，かつては食糧の自給さえもままならなかったベトナムが，現在では食料輸入国から輸出国へと変化している。また，都市近郊の農村では野菜・花卉などの換金作物の栽培が増加している。このような変化は，都市近郊に限定はされるが，豊かな農民層の出現をもたらしている。

　しかしながら，このような正の効果の一方で，農薬使用量が増加しており，時にDDTのような違法の農薬も使用されているというように，環境や

写真 4-2 ハノイ郊外の田園地区に建設された染料工場の状況
水田の中にあり、廃水は不十分な処理のまま河川に流されている。
この水を農民は飲料水としても利用。

消費者の安全にとって無視できない問題も起こっている。

　さらに、農村が貨幣経済に深く巻き込まれることで、増産を目的とした高収量作物の使用や機械化も行われるようになった。しかしながら、高収量作物の多くは種のならない品種であり、また高額の機械の購入は、不作時の借金という大きなリスクとなる。実際、借金のために小作農へ転落する農民が増加しており、社会問題化している。そして市場経済に適応できない農民は、あてもなく都市へ流入することになり、建設現場等で未熟練労働者（＝低賃金労働者）として位置付けられることになる。これらの農民の多くは、都市においてSquatter化しており、スラム形成及び売春や薬物に関連した犯罪などにもつながることになる。また、かつてのわが国のように農民の季節労働者化も顕著になってきている。

(3) 都市と農村の境界域における問題

　市場経済化は、都市と農村の境界域においても大きな社会環境の変化をもたらしている。まず、都市の拡大という圧力に衛生施設の整備が追いつかな

いために種々の環境問題が顕在化している。例えば，ハノイ大学医学部公衆衛生学教室のHa Nam地区（ハノイの南方60km）における調査結果によると，以下のような状況となっている。70％の家はトイレがない，27％の家は非衛生的なトイレを使用，7％の家は川の水を飲料水に利用，30％以上が非衛生的な井戸水を飲料水に使用，住民の62％が消化管寄生虫を保有，また各家庭から出されるごみの処理が大都市以上に問題となっている[5]。

さらに，土地利用形態の変化による問題も生じている。例えば，かつて田園だったところに工業地帯が形成されるが，廃棄物処理施設が未整備であるために周辺地域の汚染が問題となっている。写真4-2はハノイ郊外の田園地区に建設された染料工場の状況を示したものであるが，染料工場から有機溶剤などが，十分に処理されないまま河川に排出されている。周辺住民の多くはその河川の水を飲料水や洗濯などの生活用水として活用している。

第3節　まとめ
——ベトナムの経済開発に伴う「共生」問題解決のための課題——

本節では以上の調査結果をもとにベトナムにおける経済発展と環境対策の調和，及経済発展の過程で発生している都市と農村との緊張関係の緩和という2つの視点からの「共生」を実現するための課題について論じてみたい。

1997年秋のタイのバーツ危機で明らかになったように一見順調にみえるアジアの経済成長は非常にもろいものでもある。ベトナム経済の今後についても，必ずしも楽観的な見方が主流ではない。わが国の種々の研究機関が行っているベトナム経済の今後の可能性についての調査報告の中には，電力，交通，通信などの基礎的なインフラの未整備と金融制度の未整備による国内資本の脆弱さが，安価でかつ優秀な労働力あるいは成長のアジアの中心にあるという地理的な好条件などを相殺し，結果として高い経済成長を維持することは難しくなるのではないかという悲観的な予想もある[7]。このような状況下においては環境問題や労働安全衛生問題などのように，短期的には企業や国の収益に直結しないものは軽視される可能性が高い。

このような社会情勢下では環境問題や労働安全衛生問題への取り組みは必然的に先進国からの国際協力の枠組みに頼らざるを得ない。従来から指摘されているように，高度経済成長の過程で重大な環境汚染に直面し，またそれを克服したわが国の経験と技術は，この分野における対途上国国際協力において非常に貴重な財産である。21世紀はアジア地域が世界の経済成長の焦点となるためにも，産業開発に伴って顕在化の危険性の大きい環境問題を防止することはアジアにあっていち早く経済大国となったわが国の責務であり，それにより近隣諸国との友好関係を構築・維持・発展させることが可能であると考えられる。

　ここまで繰り返し説明してきたように，市場経済主義の導入により，ベトナムは急速な経済発展の過程にある。経済活動の自由化により，国民の生産意欲は活性化し，昭和30年代の日本のように，月単位で社会が豊かになっていくことが実感できる状況にある。しかしながら，このような急速な経済発展が社会に多くのひずみをもたらしつつあるのも，もう一つの事実である。経済発展は都市化の過程でもある。豊かな生活を求めて，農村から都市への大規模な人口移動が起こっている。しかしながらこのような流入人口の多くは，高等教育あるいは十分な職業教育を受けておらず，都市において，例えば，近年急増している建築現場の肉体労働のように，雇用条件の不安定な未熟練労働者として位置づけられている。すなわちその多くは正式な労働契約もなく，劣悪な労働条件の中で厳しい労働を強いられ，工事の終了とともに無職者となり，次の職場を求めて流動化する。しかしながら，技能形成の仕組みのない状況で，将来的にこれらの農村からの出稼ぎ労働者の経済水準が向上することは考えにくく，また事故などのために最貧困層に転落していくこともまれではない。

　市場経済環境下では，活動資源と情報を持つ者が優位に立つ。ベトナムの現状では，例えば外国企業の投資計画など，ビジネスに関連した情報にアクセスできる者は限られており，結果的に機会のあるものとそうでない者との間の経済格差が広がりつつある。このような経済格差の拡大は社会の不安定要素となり，徐々に深刻な社会問題になりつつある。

　さらに本章で紹介したように，ハノイやホーチミンでその近郊地域を巻き

込んで生じている大都市化は，労働衛生面，環境面及び社会面で種々の問題を生じさせている。経済発展の過程で都市化が避けられない事実である以上，そのひずみの発生をできる限り予防するためには，都市と農村の共生をどのように図っていくかという視点が必要になる。

筆者はそのための一つの方策として，北欧諸国，特にスウェーデンなどで行われている地方都市の育成政策が有用であると考えている。すなわち，富を少数の大都市に集中させるのではなく，地方中核都市を形成することで広く国内に分散し，そこを核として都市と農村の共生を可能にするような地域経済を構築するという発想である。すなわち，地方都市の形成を通して，ハノイなどの大都市への過度の人口集中を防止し，それにより農村と都市との緊張関係を緩和しようという考え方である。

日本の場合，国策としての地方都市の育成という点では問題があるが，少なくとも福岡市の経験はそのようなベトナムにおける地方都市の発展に役立つと筆者は考えている。すなわち，全国的に三大都市圏（特に東京，名古屋，大阪）への人口集中が進行する中，福岡市がそのような流れの中に全面的に巻き込まれるのではなく，九州の中核都市として経済的にもまた文化的にも独自の地位を築いてきた過程の分析から，アジアの地方都市が参考にすべき点は少なくないと筆者は考えている。また，環境問題の解決という点では北九州の経験も役に立つものである。その意味で，福岡市や北九州市のような地方自治体が，アジアの地方都市の開発に関与するような国際協力の発展が期待される。そのためには，国内のそのような地方自治体間の情報交換を支援する体制作りが必要であると考える。

謝辞：本調査を行うにあたって多大なるご助力をいただいたベトナム労働保護研究所所長兼ベトナム環境技術センター所長である Le Van Trinh 氏に深謝する。

注
1) 作業環境における古典的なリスクとしては暑熱，粉塵，騒音，振動，照明などがある。暑熱は熱疲労や熱中症，粉塵はじん肺，騒音は難聴，振動は白蠟病などの末梢循環障害，不十分な照明は疲労や事故の原因となる。これらのリスクについては各国で

ILO（国際労働機構）に準ずる基準が設けられており，関連する職業病や労働災害の防止が図られている。

引用文献
1) Vietnam Statistics, Hanoi : The GIOI Publishers, 2003.
2) Nguyen AL., Occupational safety and health issues in transfer of technology and foreign investment in Vietnam, In : Scientific reports of National workshop on occupational safety and health issues in transfer of technology and foreign investment in Vietnam, Hanoi : NILP, 1995.
3) Cao VS., Environment and bioresources of Vietnam, Hanoi : The GIOI Publishers, 1995, 129-163.
4) Shinya Matsuda, Environmental Impact Assessment of Rapid Industrialization of Vietnam, *East Asian Economic Perspectives*, Vol. 11, March, 2000, 189-191.
5) 竹内郁雄,「特集・1992年地球サミットと途上国―ベトナム・会議の成果に積極的評価」, アジ研ニュース, No. 136, 1992, 35.
6) School of Public Health, Hanoi Medical College 資料, 2003.
7) 石見元子,『ベトナム経済入門』(日本評論社, 1996).

第5章

都市居住空間にみる異文化の共生
——韓国・鎮海市における日式住宅の変容——

はじめに

1. 背景と目的

　韓国の住居といえば，オンドルとマダンを思い浮かべ，日本のタタミと庭と対比される。しかし現在の韓国住居は大きく変貌しつつある。日本の住居も第二次大戦以降大きく変化したが，韓国住居の変貌はそれをはるかに上回る。言い換えると，土地に密着し'マダン'という中庭を持つ閉鎖的な平屋のいわゆる「伝統的住まい」は，今日，土地との関係を喪失した閉鎖的な積層住居の「現代的住まい」へと変貌した。

　朝鮮後期の様式にあたる韓国の伝統的住居の変貌過程は，集合住宅の形式をとる西洋の住居様式を受容したことと誤解される場合が多い。また，韓国の現代住居では伝統的な住居様式，またはその名残を探すことは容易ではない。なぜなら韓国の伝統的住居と現代住居の間には大きな山がそびえているからである。その山は〈近代化＝西欧化〉という合理化・機械化への発達として理解されるのが一般的であるが，20世紀前半の日本支配下の韓国の近代化は西欧と直接結びついたものではなく，日本というプリズムを通じて屈折された西欧化であった。

　その近代化の山の頂点の一つを形成しているのが日本時代の「日式住宅」である。日式住宅は19世紀から20世紀前半まで，朝鮮半島（正式名称は'韓半島'であるが，日本では'朝鮮半島'がより慣れている名称であるので，ここでは朝鮮半島と呼ぶ）に移住する日本人の居住のために朝鮮半島に建設

した日本式の住宅（以下'日式住宅'と呼ぶ）である。日式住宅は韓国の住居文化に強制移植された日本住居文化と言えよう。しかし，1945年以後，日式住宅はそのまま韓国人の住宅になり，日本の住文化（'空間'）に韓国の住文化（'生活'）が盛られる，いわば，日本住文化と韓国住文化との共生が始まった。

この共生は都市居住空間での共生で，異質的な住文化の対立・葛藤・融合・持続・変容の特性を見せる。本章では，異なる住文化の共存による都市居住空間形成の過程を踏まえ，都市居住空間共生の仕組みを論じていくこととする。研究の手法としては都市居住空間の都市性との関係を考慮して，都市計画から住宅建築まで日本側が行った都市である鎮海（Jinhae/チンヘ）を対象に，都市空間および日式住宅に見られる異文化共生の特性を把握する。

2．鎮海（Jinhae/チンヘ）の概要

鎮海は朝鮮半島の南端海岸にある小都市で，東京とほぼ同緯度である。すなわち，東京と類似している気候条件の港口である。また，地形は，陸地は山に囲まれ，海は多くの島に囲まれた湾であり，天恵軍港の条件といわれる。1904年の日露戦争の時には鎮海湾でロシア海軍を撃退したこともあった場所である。これらは鎮海が完全に日本の都市らしく計画される要因であった。

鎮海への日本人流入は，日露戦争（1904年2月10日勃発）時に日本海軍が鎮海湾を利用したことから始まる。軍港まで設けるようになったのは，鎮海湾での戦闘が勝利の契機になったことに意味付けするためであると解釈する学者もいる。その事実可否にかかわらず，日本が最高条件の軍港を朝鮮で持つようになったことには間違いない。

実際，鎮海は開港・開市場ではなく，また租界地でもない。しかし日本人の'第2の故郷'建設を目標に，どの都市よりも体系的に計画されたことは確実である。日韓併合前である1907年頃には，既に，日本海軍が中心になって大規模な都市計画を立案していた。日韓併合前なので，土地買収は名目上，朝鮮政府軍用地として行われた。都市計画に沿った工事が本格的に行われたのは併合の後からである。すなわち，日本の支配開始とともに「日本

第5章　都市居住空間にみる異文化の共生　135

図5-1　鎮海の位置

写真5-1　日本時代の鎮海
（出典）写真で見る朝鮮時代，ソムンダン，1998

都市の建設」が表面化したのである。朝鮮軍用地という名目の代わりに日本海軍港建設計画を発表し，同年4月に臨時海軍建築支部を設けて残りの土地を日本軍用地として接収した。

　都市基盤工事は，住民を退去させた後，都市全体を対象にして行われた。海岸線の整理と上・下水道や電気工事も行われた。工事前の鎮海には，289戸812人の韓国人が住んでいたが，工事のため，現在の慶和洞一帯（計画外地域）に韓国人専用住居地を指定し，一戸当り45坪の宅地を分配して移住

させた。県洞里，道万里，道泉里，余明里，中坪里，佐川里，東川里，新佐川里，安谷里など，11ヵ所で，旧市街地の中心地域である（「鎮海市史」1991：216, 318）。街路計画は大連を真似して，日本の典型的な格子型だけではなく，放射型を基本に計画した。軍事施設，学校，官庁地，商業地，住宅地など用途別に区分されていた。道路は南辻・中辻・北辻（現在は南原・中原・北原と呼ぶ）の3つの交通広場のロータリーを中心にして，それらを連結する形態である。道路規模と形態は軍港都市としての性格が強い。まず，道路網は八方枝の日本軍艦旗の形態になるように工夫された。すべての道路は軍用機の離着陸と戦車の走行ができるよう，幅員20間（1等級道路），15間（2等級道路），10間（3等級道路）のいずれかで建設された。またそれらの道路に接する住宅も，道路の等級によって建築線と材料などが規制された。

　鎮海の住宅地は日本人移住者に30年間という長期で賃貸され，既に規定されていた建築規則に準じて建設された。総督府は，望ましい住居水準が守られるよう銀行を設置して建築資金を支援した。住宅の大半は軍施設の労働者，会社員，公務員などの日本人用で，集団的移住者が多く，また建設材料を日本から供給して，集団的に建設された。

　その鎮海には未だに日式住宅が残っている。解放以降，日式住宅がそのままの形で建設されることはなかったが，ある時期まで環境の良い住宅地として評価された。現在，鎮海は人口15万人の地方都市に成長したが，軍港都市の性格に変わりはない。旧市街地地域は建替えや老朽化が進んでいるが，日本時代の長屋の町並みの雰囲気を未だに見せている所がある。しかし都市の拡張によってできた新市街地の住宅は主に集合住宅ばかりで，他の韓国の現代新興都市の雰囲気と同じと言える。

第5章　都市居住空間にみる異文化の共生　137

図 5-2　日本時代の鎮海の市街地計画図

真ん中が中辻，左側の北辻と右側の南辻の3つの交通のロータリーが設けられている。中辻のまわりには警察庁，市庁，教育庁などの官公署が配置され，海側は海軍基地があった。
（出典）一万分ノ一朝鮮地形図集成，朝鮮総督府

写真 5-2　現在の中原ロータリー（かつての中辻）近辺（2003年撮影）

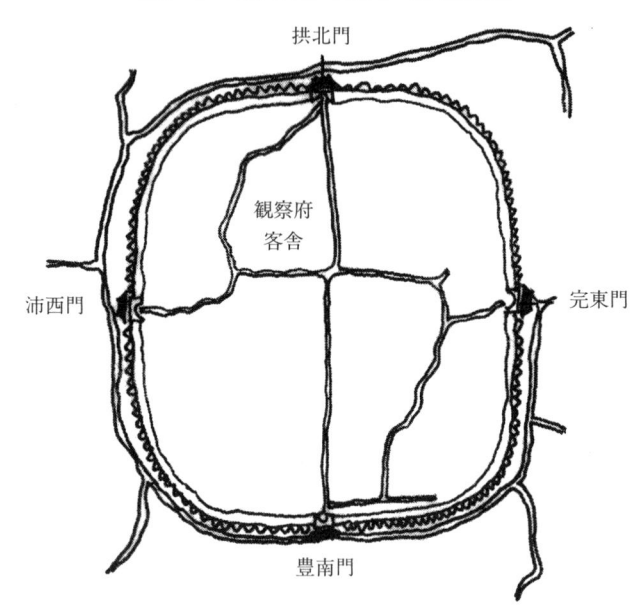

図 5 - 3　朝鮮時代，邑城の一般的概念図

拱北門
沛西門
観察府
客舎
完東門
豊南門

朝鮮時代，邑城の詳細な都市計画については関連資料がなく，邑城の型を概略的に示す地図しかないが，この図はその一般的概念を表す。
(出典) 異文化の葛藤と同化，1995

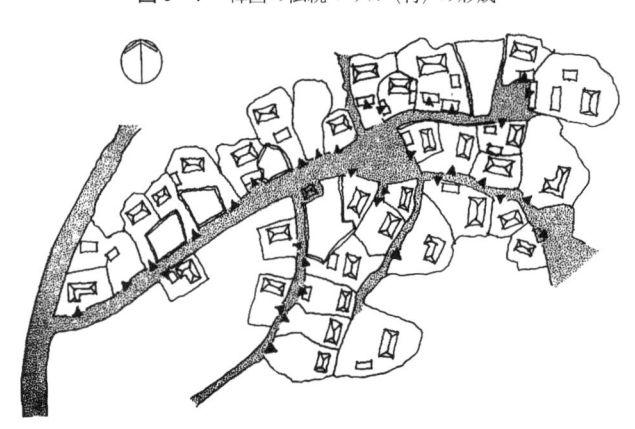

図 5 - 4　韓国の伝統マウル (村) の形成

(出典) 異文化の葛藤と同化，1995

第5章　都市居住空間にみる異文化の共生　139

第1節　日本住居文化と韓国住居文化の衝突

1．日式住宅の流入背景

　日本時代以前，韓国の都市計画はその規模と地理的重要度によって邑・郡・県に区分されていた。基本は邑で，4つの大門と城壁で囲まれ，中心には庁などの統治機関があった。支配階層であるヤンバン（両班；朝鮮の社会階級中の上流階級で，武班と文班を合わせて両班と呼ぶ）の住宅はチェという別棟で区分される一戸建の平屋である。女性と子供の空間であるアンチェ（内棟），男性主人の空間であるサランチェ（舎廊棟）が各々のマダン（'庭'と類似しているが，植木・花などがなく，作業場の性格が強い）を持つように配置されていた。サランチェ（舎廊棟）の近くに先祖祭祀のためのサダン（祠堂）があるのも特徴である。

　庶民の住宅は'マダン'付きの塀に囲まれた一戸建の平屋であった。住空間の構成は地方によって多少の差はあるが，オンドル部屋，ブオク（台所），マル（板の間）を基本とする一字型またはL字型である。敷地の入口はデムン（大門）という門で，敷地を区切る塀に設けられている。貧しい庶民の住居には塀のみで，デムンを持たない場合もあった。

　朝鮮半島に，いわば近代的な概念の都市計画が始まったのは19世紀の末，租界地の形成からといえる。各国の租界地の中でも，日本の租界地がより広く，より本格的に組成されたことを考えると，その時期を近代的な都市計画の始発点とみてよいだろう。

　鎮海は租界地ではない。租界地より10～20年後に計画・建設され，租界地でのノウハウをより充分に利用して，どの租界地よりも本格的に日本の都市らしい計画を行った。都市のある区域だけを対象にする租界地に比べて，都市全体の規模で計画が行われたことも鎮海の特徴である。

2．日式住宅とは

　韓国には「日式」という言葉がある。日本語の「和風」のように，「日式」は'日本風'または'日本のもの'を指す普通名詞として使われている。様々な「日式〇〇」の中で，「日式住宅」は'日本の住宅'または'日本人が建設した住宅'を意味する用語として定着している。しかし，他の「日式〇〇」とは違って時期的に'日本時代のもの'に限られる傾向がある。従って「日式住宅」とは「日本の勢力が朝鮮半島に入るようになった1876年の開港から1945年の終戦の間に朝鮮半島に建設された日本風の住宅」といえる。本来，この日式住宅はいわゆる日本時代に朝鮮半島に移住する日本人向けに建設された日本の住宅で，日本人が撤収してからは韓国人によって住み続けられたものである。いわば，日式住宅は朝鮮半島に移植された異文化であり，韓国と日本の住文化の衝突という歴史的な出来事でもある。

　その歴史的産物である日式住宅の成長の背景を少し辿ってみることとする。最初の区切りは1876年の開港である。日本にとってアメリカによる1854年の横浜開港が重要な出来事であるのと同様に，韓国での開港は開国と同義語として使われており，近代史の始まりを意味している。開港に続いて，倭館があった釜山に最初の日本人居留地が設定され，朝鮮における租界の始まりとなった。

　日本の住宅がより本格的に朝鮮半島に建設されたのは日韓併合後である。それ以前の日本人のための住宅は数も少ない上，日本式の住宅というよりは，むしろ伝統的な韓国の住宅をそのまま使うか，もしくはほんの一部を改造したものであった。

　終戦までに建設された日式住宅の数及び規模に関する具体的な統計や資料はあまり明らかではない。しかし限られた資料を通じて，いくつかの重要な都市が日本による都市計画に基づいて整備または開発されたこと，相当数の日式住宅が建設されたことは充分に推測できる。朝鮮総督府の人口調査報告書を参考にして見ると，1910年頃に2万人程度にすぎなかった在韓日本人は，1945年にはおよそ80万人を超えた。水原，光州，群山などの地方都市では比較的徐々に増加したが，京城（現在のソウル），釜山などの大都市では

急激に増加した。

　移住する日本人の住宅難解消のため，移住者が多かった都市に集中的に日式住宅が建設されることとなった。その建設過程も極めて極端なものであった。一例として，1921年の統計によると，京城に建設された住宅は1,495棟であり，その内，日式住宅が875棟であった。当時の人口は，朝鮮人が17,207,139人，日本人が386,403人，その他32,129人で，朝鮮人が日本人の46倍以上であるにもかかわらず，新築された日式住宅は，新築総戸数の6割以上にも達していた。ここで当時の日式住宅の盛んな建築状況を想像するのは難くない。もちろん朝鮮人には既存の住宅があり，新築の必要性が低かったとも思われる。しかし，その韓屋を日本人が使用した場合も少なくなかったことを記憶しておく必要がある。地域的には開港場または開市場である釜山，群山，仁川，木浦，京城，元山，馬山など15都市と，そのほか軍事的または政治的に重要な鎮海，大邱などには，都市のある一帯を占めるほどの日式住宅地が形成された。

　小さな村や町でも支配層である日本人がいれば，官舎である日式住宅はおおよそ存在した。植民時代の支配層の異なる住宅様式が，支配層の住文化として社会全般に与えた影響は莫大なものであった。特に，特定地域のある階層向けの住宅としてではなく，朝鮮半島全域に分布する一般住宅として建設され，さらに解放以降は一般韓国人の住まいとして使われた。日式住宅，それが支配される人々にどのように見えたか，当時は勿論のこと，解放後，現在，どんな気持ちであったかを想像することは簡単であろう。

　この日式住宅は韓国から見れば決して愉快な存在ではない。強制的に移植された試練の傷跡で，できれば思い出したくない対象である。選択の余地なく移植され，韓国の住居と直接衝突した日式住宅は植民文化，植民住居，植民空間であり，まるごと消したい，認めたくない，残酷きわまる対象である。

　年輩の韓国人にとって「日式住宅」はそれほど遠い存在ではない。幼年を「日式住宅」で暮らした記憶を持っている，または少なくとも「日式住宅」を覚えているという人も多い。むろん，街に「日式住宅」ばかりがあったわけではないが，「日式住宅」が他の韓国人の住宅と区別された感覚はなかっ

写真 5-3 鎮海の長屋型の日式住宅（1991 年撮影）
道路に面した住宅の形と材料の規制が強かった鎮海には現在も官舎が立ち並んでいる。

たと言える。

　日式住宅が植民文化の認めたくない存在であったのに，韓国の他の住宅と区別されないのはなぜだろう。もちろん歴史を共に体験した年輩の韓国人は日式住宅を区別することが簡単である。若い人でも若干の説明だけで間違いなく区別できる。今日の鎮海で日式住宅が区別されなかったのは，沈黙で日本時代を忘却したいこと，わざわざ韓国の他の住宅と区別する必要さえ感じられなかったこと，さらにその意識さえなかったことなどが理由として言えよう。

　都市の一角には，未だに多くの日式住宅が残存している。これらの日式住宅は朝鮮戦争後に個人所有になっている。邸宅である戸建住宅と連続建ての長屋住宅があり，戸建住宅は管理職などの上流住宅で，ある面では日本本土のものに比べて，より和風で装飾的である。国を離れた心細さと威勢の表れではないだろうか。それに比べて庶民層の長屋は，和風であるが効率的である。戸別に庭と便所を備え，風呂まで設けていた住戸もある。本国からの日本人ばかりではなく，日本人が運営する会社や工場に勤めていた韓国人の居

写真 5-4 鎮海の戸建型の日式住宅（1990年撮影）
庭付きの戸建住宅は塀とデモン（大門）が目立つ。

住者も多かった。

　しかし，満州事変を境に労働者のための共同住宅が建ち始め，太平洋戦争が勃発してからは最小限の資材で建設することが最大の目標になる場合もあった。

第2節　日式住宅の現在の諸相

1．日式住宅の分布および居住者の特徴

　現在の鎮海市の住宅状況は集合住宅と戸建住宅に区別されており，残存している日式住宅の戸数は確実ではない。しかし，外観からの区別によって把握した日式住宅の残存状況は図5-5の通りである。主に住宅として使われている建物が多く，開発が遅れている住宅地に集中していることが分かる。鎮海に建てられた日式住宅は，日本住宅系譜によると近代期の長屋と中流の戸建住宅に当たる。長屋は集団住宅として，民間企業または軍隊の舎宅として建てられた場合が多い。日本では風呂なしで共同便所を使う裏長屋もあっ

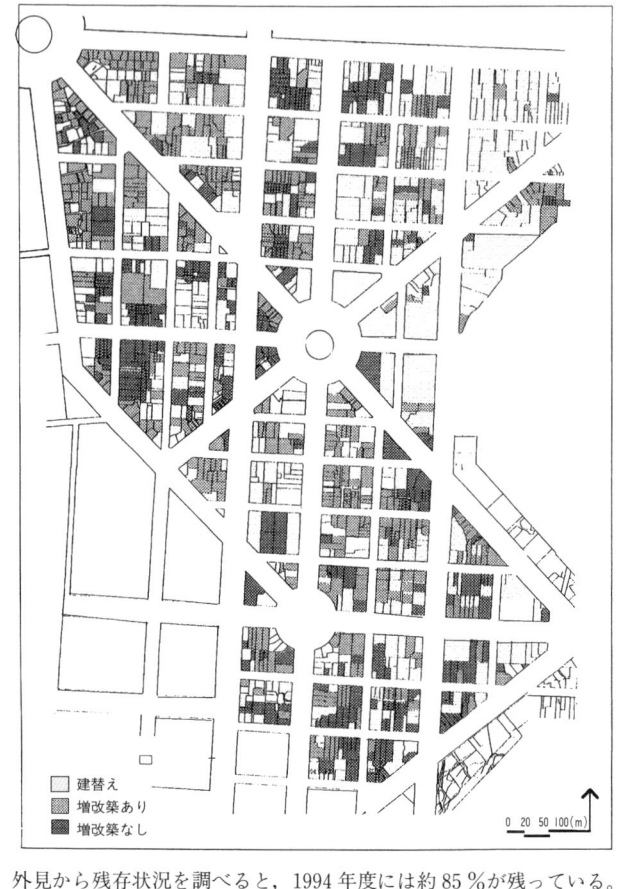

図 5-5　鎮海の日式住宅の残存現況（1994 年調査，2003 年修正）

建替え
増改築あり
増改築なし

0　20　50　100（m）

外見から残存状況を調べると，1994 年度には約 85％が残っている。

たが，鎮海の長屋はやや規模が大きい表長屋で，前庭または裏庭を持つ和風住宅である。すべての長屋は一定以上の住居水準が守られるように意図された。

　一方，戸建住宅は警察・高級軍人・貿易関連者の邸宅として建てられた。外見は和洋折衷式または洋間付きの洋式もあったが，和風がより強かった。建設当時の状況は明確には述べられないが，残存している住宅の造りや飾りか

第5章　都市居住空間にみる異文化の共生　　145

写真 5 - 5　建替えられた建物の間に残されている長屋
（1991 年撮影）
2階や3階に改築された建物に挟まれている平屋の長屋。長屋は
日本時代の終わり（1945年）に個人所有になったので，戸別に
建替えもできる。

ら，意識的により日本らしい住宅を建てるようにしていたものと言えよう。

　現在，すべての日式住宅は個人所有になっている。日式住宅に住んでいる韓国人と他の住宅の居住者との差はない。一般に，戸建住宅の居住者であれば，長期間住んでいると言える（参考までに鎮海は韓国全体で引っ越し率が最高である）。その反面，長屋は老朽化しており賃貸で住んでいる世帯が増えている。

2．日式住宅の増改築

　鎮海の長屋住宅で増改築が行われたのは1994年現在，調査地の面積分布で約85％に至る。長屋住宅はその建築形態上の制約から，裏側にのみ増改

築が行われる傾向がある。玄関がある前面部に増改築が行われるのは壁面の交換，または窓の枠取りである。従って，増改築は奥庭に面している縁側の面で活発に行われている。中でも，玄関から奥の間の変化はあまり見られず，縁側，便所及び台所などの部分の増改築が多い。裏庭にデムン（大門）と便所を設ける増築も少なくない。日式住宅の長屋は建設当時，道路線に揃えて建てられ，その連続性は現在まで維持されている。

一方，戸建住宅は既存の棟と離れた別棟を増築している例が多い。大きい場合は部屋と台所を含む別世帯の生活が可能な規模で，小さい場合は倉庫などである。既存の棟につなげて増築する場合でも室の面積を広げることではなく，部屋単位での増築例が多い。

内部空間で一番著しい変化はタタミ部屋を床暖房のオンドル部屋に替えることである。オンドル部屋の床の仕上げは，ビニールシートを張る例が多い。

住宅の規模が変わるような増築の中で，一番著しいのは，ブオク（台所）と関わるところである。ユニット・キッチンを設ける目的で土間だったところに床を作る'床上げ'，または貸家を設けるためもう一つ台所を設ける増築の例がある。建設当時，ある程度の面積をとっている戸建住宅の台所は，面積の増加なしに設備の改善だけで対応できるが，長屋住宅の台所は面積拡張とともに設備の改善が行われているのも特徴的である。次に目立つのは，バン（部屋）の増築である。事例の約3割程度が該当する。部屋の増築は住宅様式を問わず，バン（部屋）を増築している例が多い。即ち，縁側の先に一部屋根を設けたりして増築しているのである。理由は，子ども部屋の不足などが挙げられる。トイレの増築は長屋住宅にやや多い。特に水洗便所が普及する前は，奥庭の端に物入れとともに増築するのが盛んであった。

また，増築が行われず，タタミだけがオンドルに替わった例もある。しかし，その例も内部空間の使い方は変わっている。中廊下はあっても，続き間の襖を常時閉じておく，壁に見えるように紙張をしている。

日式住宅は，こうした増改築により壁に区切られた独立性の高い韓国の伝統的なバン（部屋）の仕様に変わっている。すなわち，タタミはオンドルに，天井・柱・モルタル仕上げの壁の上には紙が張られることとなったので

写真 5-6 長屋の増築例（1993年撮影）
奥庭があったところにモルタル仕上げの建物を増築して，トイレや物入れ・浴室などを設ける。また屋上は物干し場として使う。

ある。

3．内部空間の持続と変容

　住み手が韓国人に代わってから，当然ながら日式住宅の空間は韓国の伝統的住生活との間に葛藤を起こした。いわば，異なる文化との衝突によって，ある部分は適応し，またある部分は適応せずに，数十年経た後も様々な様相を見せている。この点において，日韓両国の住まいの特徴，ないしは住文化の類似性や相異性をはっきり見ることができる。

　韓国の伝統的住宅は住まい手を中心にして部屋が決まっているのに比べ，日本の伝統的な住宅は用途が室構成の基準になっていると言える。韓国の伝統的な住宅は，「冬用のオンドルと夏用のマル」といわれるほど，季節を考慮した空間があって，季節によって使用する空間や寝る場所が変わることもしばしばであった。また，客室を備えていない庶民の住宅では，季節によってはもちろんのこと，親類や友人の宿泊によって家族の寝る場所に変化が起こる場合も少なくなかった。

　今回の住まい方調査によると，住戸で最も広い部屋（概ね6畳から8畳の規模），中心になる部屋が夫婦の寝室として使われ，アンバン（内の房）あ

るいはクンバン（大きい房）と呼ばれている。アンバンの主寝室は，夫婦寝室でありながら昼間は家族室としての役割を果たしている例が少なくない。しかし，夫婦寝室として使われているだけで，家族の使用は見られない場合もある。その反面，子どもの寝室は個室化された子ども専用の部屋として使われ，季節や家族以外の人の宿泊による寝る場の変化もあまり見られない。これらの変化は面積と部屋数に制限がある場合は昔からの使い方をしているが，部屋に余裕があるときはできるだけ個室化，専用化されている結果と言えよう。部屋の中では，座敷の床の間は全く本来の用途として使われておらず，その場所に簞笥が置かれていたり，形を残している例でも棚をつけるなどして，収納空間になっていたりする。押し入れは多少元来の使途の通り使われている例もあるが，扉を外し棚のように使っている例もある（写真5-7）。

　日本の住宅には「茶の間」という食事室がある。もちろん，茶の間は食事専用の部屋とは断定できないが（西山夘三『住まいの考今学』彰国社，1989, p. 199），アンバン（内の房）またはマル（デチョンとも呼ばれる板の間）で食事をとる韓国の伝統的住宅に比べると，その性格の差は明らかである。今日の鎮海の日式住宅では，建設当時の茶の間の使い方をしている例はない。むしろ，台所が改造されるにつれて，ダイニングキッチン（DK）を確保する傾向が見られる。従って，現在は長屋住宅か戸建住宅かの様式に関係なく，食事はアンバン（内の房）かダイニングキッチン（DK）でしている。アンバンで食事する例が若干多い。韓国にDKが登場したのは1970年代前期から80年代前半頃である。当時なら，普段の食事と，家族全員が揃って取る食事や誕生日などのお祝いで取る食事の場所が変わることも多かった。冬は寒いので，季節によっても食事場所が異なった。規模の小さい長屋では卓袱台のようなテーブルを利用する場合が多いため，床暖房の有無によって食事場所の決まりが大きく影響されたのも当然であろう。

　来客があると，日式住宅ではコシル（居間）とアンバンで応待するのが普通である。コシルは続き間または板の間を改築して設けた部屋である。長屋は規模の制限で接客専用に使用されるコシルを持っていない例が多いのでアンバンが利用される。しかし，できる限り，マル（板の間）やダイニング

写真 5-7　床の間と違い棚の変容例
床の間と違い棚を飾る住文化がない韓国で，ただ収納空間になっている。棚を外している例もあるが，多くの例はそのままの形で収納空間として使っている。

写真 5-8　ジャンロンが置かれている部屋の様子
押し入れは外され，ジャンロンと呼ばれる家具が置かれている。ジャンロンは韓国の代表的な家具の一つで，押し入れより好まれているようである。

図 5-6　日式住宅における住生活行為の関係

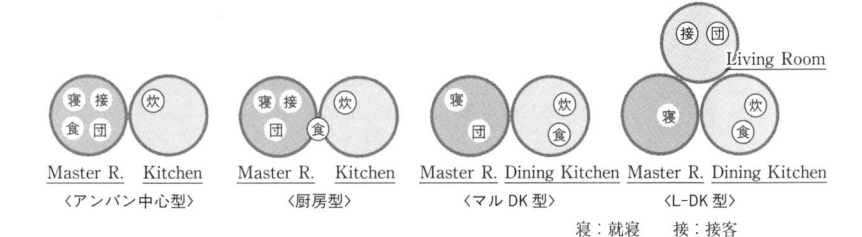

〈アンバン中心型〉　Master R.　Kitchen
〈厨房型〉　Master R.　Kitchen
〈マルDK型〉　Master R.　Dining Kitchen
〈L-DK型〉　Master R.　Dining Kitchen　Living Room

寝：就寝　接：接客
団：団らん　食：食事　炊：炊事

生活行為が行われる場所によって特徴づけた住生活の類型

キッチン（DK）を接客空間として使うし，専用の接客空間を確保しようとする傾向が現れる。

　これらは，住様式および住要求の変化に伴う住空間の変化であり，日式住宅で行われる公私分離傾向と思われる。以上で述べた韓国伝統住宅，日本住宅，日式住宅における住生活行為の関係は図5-6の通りである。

4．内部空間の変容の特性と意味

(1)　個室化：日本住宅の空間の連続性の中での共生

　開放的・連続的な日式住宅の各部屋の関係は，韓国人が住むようになって，壁などで固く区切られたバン（部屋）に変化し，いわば「個室化」の傾向と見てとれる。その具体的方法としては，

①　襖を閉じておく，場合によっては襖に沿って家具を置く
②　襖の上に壁紙を貼る，あるいは板・スタイロホームを取りつけた上に壁紙を貼る
③　積極的に襖を取り外して壁を設ける

などである。

　この傾向は，子どもの勉強部屋や同居人の個室が要求される場合，より顕著である。特に，貸間の場合は襖に代えて壁が設けられる。個室化によって部屋相互の連続性は遮断され，各部屋は玄関の間，マル（一部はホール）か

写真 5-9 襖・障子を固定する個室化の例
襖と障子を固定させ，アンバン（内の房）を個室化する。

写真 5-10 襖を閉じておく，襖に沿って家具を配置する個室化の例
襖・障子などを閉めておいたまま，家具またはものを置いて壁のようにする。積極的に壁紙を貼る。

写真 5-11　縁側まで統合した例
障子を外して座敷と縁側を一つの部屋にして広い部屋を確保する。両方ともビニールシートを敷いているが，部屋のみオンドルである場合が多い。

ら出入りするよう変化している。

　しかし，当初からの連続性を全部なくすことは，間取りの都合から無理であるため，家族室の性格をもつアンバン（内の房）の個室化を犠牲にしたと思われる。今日，アンバンとして使っている奥の間・座敷などが他室と繋ぐ通路となり，他の部屋の個室化に伴う動線上の制約を吸収する役割を果たしている例が多い。ただ，動線上可能な限り固定壁を多く設けたり，出入口を一つの方向にするなどの点にも考慮が払われる。

　空間の個室化はその使用者を固定する。特に子ども部屋は個室化がかなり進み，専用度も高い。既存の空間で個室化の傾向が現れていると共に，新築の空間では最初から固定化された個室空間として設けられている。

(2) 統合化

個室化の中で，逆に元来の幾つかの単位空間を一つにする統合の動きも見られる。奥の間・座敷を次の間・縁側などと一体にしてアンバン（内の房）にする，2つの部屋を統合してアンバンにする事例がある。必要とされる部屋は広くなるが，用途の変更は見られない場合が多い。その反面，台所と縁側を統合してオープンなマルやコシル（居間）を設けるなど，元の用途とは異なる部屋として使われる例もある。統合化の傾向は住宅の規模や形式によって異なる。長屋では玄関の間が吸収される例が多いが，戸建住宅では部屋と部屋，部屋と縁側の統合が多い。特に続き間住宅でしばしば見られる。

統合化の理由としては，アンバンとマルを最も重要視する韓国の住文化の特徴によること，そのほか，生活の改善によって現れたコシル（居間）とDK（ダイニングキッチン）の要求，家族数の減少による余った部屋の活用方法などが理由として挙げられる。

5．玄関と戸外空間の持続と変容

韓国の伝統住宅には存在しなかった「玄関」の現在の姿は，幾つかに分類できる。まず，空間的に変化がない住宅の場合が挙げられる。概ね戸建住宅では，玄関はそのまま使用されている。次に，マルに隣接して玄関が設置され，出入口としてマルと両立的に使われている場合が挙げられる。この場合，夏の間はマルでの直接出入りも行われるが，冬の間，またはお客さまの出入りには隣接した玄関だけが使われる。

もう一つは，「出入りのための個別空間」という玄関の性格が変化し，内部への移動空間，履き替えのための空間へと転落したマル付属の空間である。小規模の長屋住宅では使用面積を最大限確保するために，下駄箱を置かず，マルの床下を靴の置場所として利用する例もある。

以上は，日式住宅での「玄関」が韓国の住居に定着していく過程の様々な現象である。しかし，いずれも「玄関」の室名は継承されている。しかし，日式住宅に見られる今日の「玄関」は，日本住居における玄関と多少の差がある。本来の玄関は出入りだけではなく応対まで含まれた格式ある空間であるが，現代の日式住宅の玄関は出入口としての役割が強調されている。

本来の玄関と性格が変わった玄関とは設備にも差がある。意匠的に，マルと両立する場合はマルに引き違い戸，玄関には外開き戸が設けられるが，マルに付属する玄関はマルに設けられた引き違い戸とマルとの間に履き替えのスペースだけが確保されているに過ぎない。
　韓国の伝統的住居は部屋が前後に並ばず，マダン（庭）とマル（板の間）に対しては極めて開放的な「中庭型配置」である。その開放性は昼夜を問わず，窓戸の紙一枚で区切られた状態である。アンマダン（中庭）を囲む住棟はまたディッマダン（裏庭）を持って，堅い塀に囲まれる。塀の中は「うち」で，「いえ」になる。
　一方，日本の空間は部屋相互が連続・開放である。住宅の種類によって差はあるが，一般庶民と中流階級の住宅に限れば，住宅のソトに対しては必要に応じて遮断でき，戸内空間で完結する。いわば「完成型配置」である。
　そのため，韓屋は高くて丈夫な土塀とデムン（大門）で，日本の住宅は低い生垣・竹矢来などと扉で囲まれた形になる。気候の影響もあるが，日本では戸内空間のために雨戸が，韓国の住宅では土塀とデムン（大門）が発達していた。
　日本と韓国の住宅がタタミとオンドルで対比されるように，日本の庭と縁側には韓国のマダンとマルが対比され，両者はそれぞれに密接な関係を持つ。庭と縁側が〈いる〉，〈見る〉の意識に代表されるのに比べて，マダンとマルは〈働く〉，〈通る〉の意識が強い。通るという行為は，道から敷地へ，庭（あるいはマダン）から屋内への出入りであり，ある意味では住宅における出入り動線の空間とも言えよう。
　韓国の住宅は，町屋・長屋のような連続建の住居形式はなく，デムン（大門）とマダンがすべての出入りの中心になる戸建住宅である。すなわち，道からデムンに入るとマダンがあって，マダンからはマルはもちろん各部屋に入ることができる。各部屋は固定壁によって区切られ，互いに独立して外部空間であるマダンを囲む形式で配置される中庭型の配置である。
　つまり，韓国の住宅はデムンから，いわば「屋内」になる。一方，日式住宅は道路に沿って配置され，道から直接玄関へ入る。あるいは門があっても，その門は〈門―前庭―玄関〉の線上の一点に過ぎず，実際の「室内」は

第5章 都市居住空間にみる異文化の共生　155

写真 5-12　縁側からの出入りの例
玄関はあまり使わず、縁側から出入りする。韓国住宅のマル（板の間）出入りと類似になる。

写真 5-13　マルとマダンの出現
縁側からの出入りはマダンの使い方を変えて、韓国住宅のマダンとマルが出現したような変化が見える。

図 5-7　デムンを設ける方法

変化内容	原型（変化前）	変形（変化後）
□「玄関型」 　→「大門型」 路地を占有してデムン設置 玄関は持続	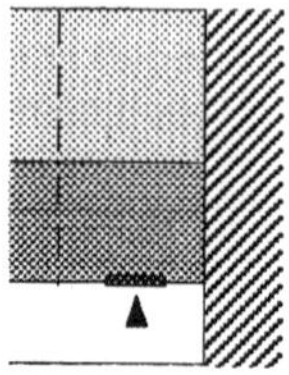	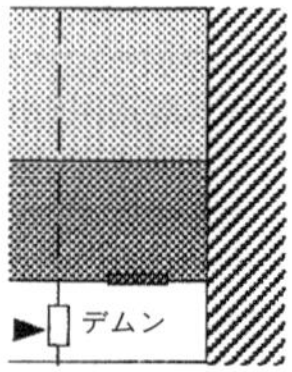 デムン
□「玄関型」 　→「マダン型」 脇路地にデムン設置 庭がマダンに変容	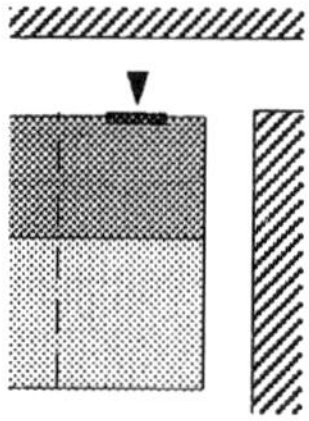	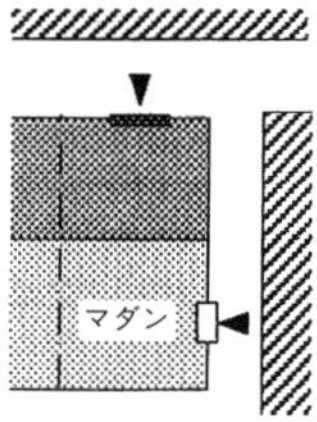 マダン
□「玄関型」 　→「玄関型」 路地にデムン設置 出入りの両立	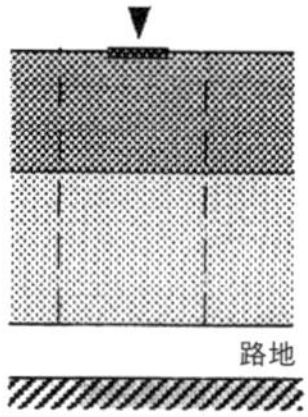 路地	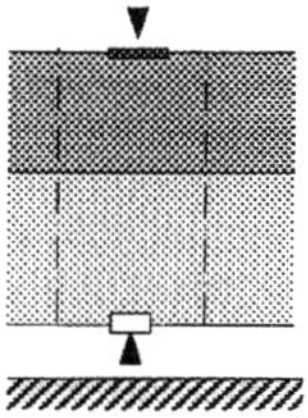

玄関から始まる。玄関から続く各部屋は開放的に連続して配置され，いわゆる外庭型になる。

　日式住宅の変化を見ると，建設当時玄関が道に面して配置されている場合，増改築の際にデムンを設ける方法がみられる（図 5-7）。玄関の前面とは別の一面が路地に接する敷地では，もう一つのデムンを設ける場合もある。南向きの二軒長屋では縁側をマルの出入口として，既存の玄関は台所・倉庫として使っている。マダンと呼ばれている庭には流し場・ジャントク台（壺台）・干し場が置かれ，家事の空間として使われている（図 5-8）。

　出入り方法の変化には以下の要因が挙げられる。まず，アプローチの向きに対する日韓の住意識の差である。日本の住宅の玄関は，道路との関係に

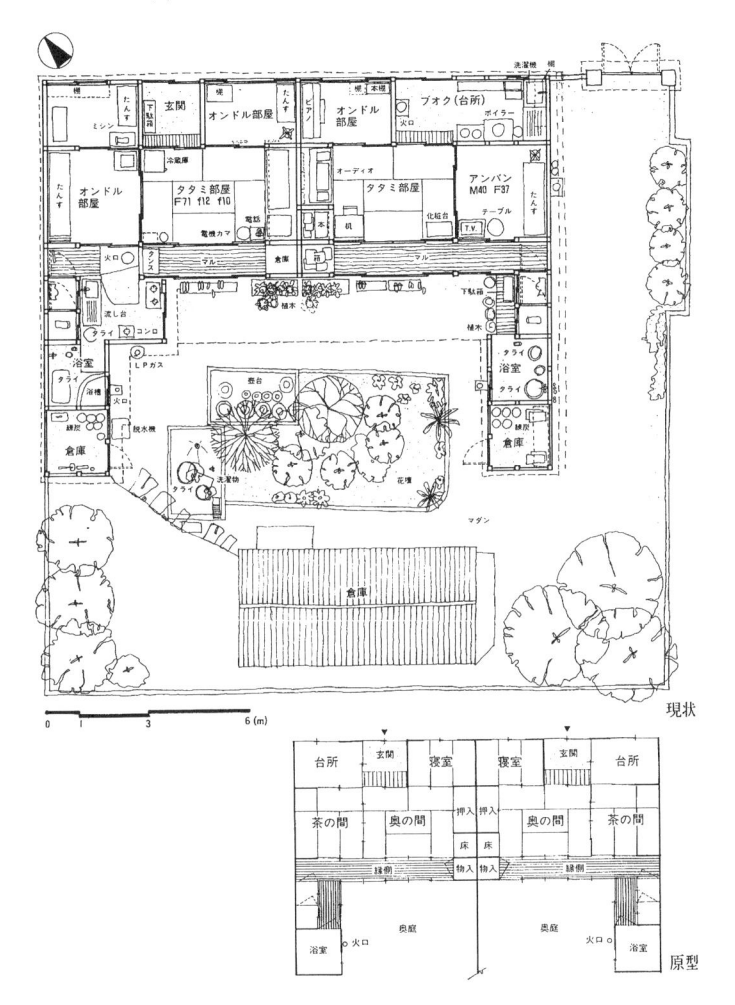

第5章　都市居住空間にみる異文化の共生　157

図5-8　玄関を閉じてデムン（門）を設けた例

二軒長屋を一つの世帯が使っている。脇の路地を占有してデムンを設け、〈デムン―マダン―マル〉の出入りをしている。使わない玄関は、一つは物入れとして、一つは台所の増築に使われている。

よって位置づけられるのに対して，韓国の伝統住宅では道との関係よりむしろ南からの出入りという習慣が重視される。従って北向きの玄関の事例でより多くの変化が見られる。第2は，道路から直接家に入ることに対して，外部であるマダンを通って屋内へ入ろうとする，マダン通行の習慣がある。庭がマダンに変容すると同時に，庭に接していた南向きの縁側がマルのような出入口になる。これでマダンからマルへ，マルから各部屋に入れる韓国の住文化が持続される。

しかし，すべての日式住宅で出入り方法の変化があるわけではない。元から大門と玄関がある例や，時には道から玄関を通って屋内に入る例の中にも出入り方法の変化が見られない住宅がある。日本住宅の「玄関」と韓国住宅の「マダン－マル」方式が共存していると言えよう。即ち，玄関を囲んだ出入りの変化は敷地内での形態上の変化だけに止まらず，日式住宅での異文化の共生の一例とも言えよう。

第3節　日式住宅でみる都市住居空間の共生

1．日式住宅における共生

伝統的な日本の住居空間は，階層・規模にかかわらず開放的・連続的であり，それらの空間は襖などで軽く仕切られる空間構成の連続性・重層性が特徴といえる。廊下がない住居では，部屋を通って他の部屋に出入りし，また戸内空間との連続性も保たれていた。その連続性が狭められるようになったのは，中廊下の登場からと言えよう。しかし，伝統的な韓国の住居空間は，壁によって堅く区切られた独立空間である。各部屋は，それぞれ土壁で区切られた「個室」であり，相互にそれぞれの部屋が独自的にマダン（庭）に向かっている。言い換えると，各部屋がマダンという戸外空間に接する一重の空間構成である。

現在，日式住宅でみられる「個室化」の傾向は，居住者が独立性のある部屋を求めた結果と言える。子ども部屋・勉強部屋・貸間など，使い方の専用

性が高い部屋ほど，壁の設置と出入り固定による個室化の傾向は著しい。完全に個室にすることができない場合でも，できる限り出入り方向を制限するなどの考慮が払われている。

　日本の住宅でも個室化の傾向はある。特に子ども部屋の個室化はより著しい。しかし，日式住宅での個室化は日本の個室化とやや差がある。日式住宅で現れている個室化は韓国の住文化によるもの，すなわち，壁に区切られている部屋を求めた結果といえよう。それに比べると，現代日本住宅での個室化は住様式の変化によるものといえよう。現代日本集合住宅で個室は設けられてはいるが，居間と和室が依然として連続する平面もしばしば現れる。それこそ続き間の持続といえよう。

　日式住宅には個室化と対照的に統合化の傾向も見られる。統合化は個室化に比べると微々たる変化であり，住宅規模と形式によってかなり差がある。統合化によってより広い中心的な空間が設けられる。アンバンとマルを懐かしがる韓国住文化の特徴による。また，居住水準の向上によりコシル（居間）とDKが要求されること，家族数の減少によって余った部屋の活用のあり方も挙げられる。個室化による部屋の独立性は，統合化によってより完成度が高まる。なぜなら，統合される部屋は家族共有室，またはその性格が強い空間であり，それらの空間は個室化されたバンを結び付ける役割を果しているからである。形は変わったが，韓国の伝統住居におけるマルの役割である「個室の媒介空間」が引き継がれていると思われる。

　また，日式住宅で見られる中庭の配置やマダンの出現は，住戸まわりの空間の変化，住戸外部空間の開放性から閉鎖性への変化を意味している。すなわち，外部に開放的だった外庭型の配置が，道路に対して閉鎖的な中庭型の配置に変貌しているのである。

　さらに，マダンと関わっている変化の流れにマルの変化とコシル（居間）の定着がある。建設当時の日式住宅の特徴である空間の開放性・連続性を可能にした空間仕切りの手法がある。それは，襖・障子・ガラス戸・引き違い戸などで間仕切りして，空間を完全には断絶せず必要に応じて容易に分離または連続できる手法である。この手法は，韓国住宅の変化の中で，マルとマ

図 5-9　住空間と家族の対応

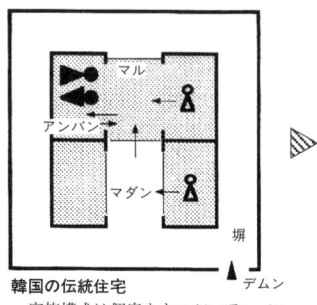

韓国の伝統住宅
家族構成は個室をもつが，アンバンは共有される。マダン，マル・アンバンが中心になる。外部には塀によって遮断されるが，中では開放的である。

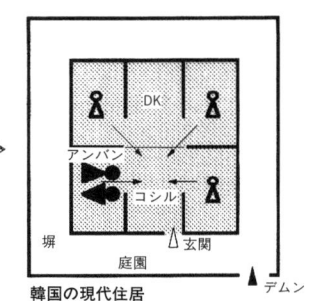

韓国の現代住居
家族成員は個室をもって，マル，DK が住戸中心の共有空間である。住戸は完成型平面になり，塀と住戸によって二重に閉鎖される。

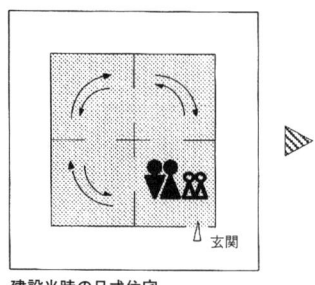

建設当時の日式住宅
住空間は個室に分けられず，家族全体の生活行為によって開放的，転用的に使われる。外に対してもきわめて開放的である。

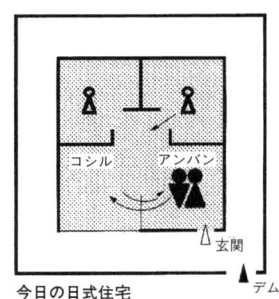

今日の日式住宅
子供室は個室化されたが，アンバンと公的空間は転用的に使われる。住戸の閉鎖化と塀の設置によって二重閉鎖化している。

ダンの間に引き違い型のガラス戸が設けられることで表れている。そのガラス戸は，屋根だけのマルが完全な室内空間に変化したことを意味する。それは，韓国の伝統的なマダンとマルに対する観念，すなわち，マダンとマルは一体化された神の通る道であり，マルは神の居場所の格を保つ空間であるという意味を持続させながら，限られたマルの利用度を拡大させたことがうかがわれる。いいかえると，マルが季節にかかわらず家族の空間として使われることであり，コシル（居間）として定着できるまで発展する契機になる。

　もう一つ，マダンを通ってのみ出入できる空間であったブオク（台所）や

図 5-10　日式住宅での異文化の共生

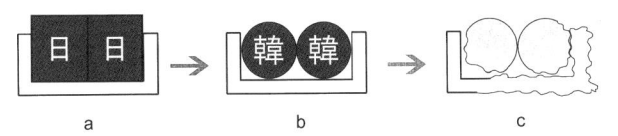

　　　　a　　　　　　　　　b　　　　　　　　　　c
［日式住宅＋日本人］　［日式住宅＋韓国人］の共存　［日式住宅と韓国人］の共生

アレッバン（下部の房）はテッマル（濡れ縁）の端にまでガラス戸を設ける変化が起きた。この変化は，部屋と部屋の通行にも履物をはいてマダンを通らなければならなかった韓国の住宅が，屋内で通行できるように変化したことを意味する。従って，履物をぬいで置く場所が必要であり，日式住宅の玄関がその役割を果たしたと思われる。履き替えの場所としての玄関が韓国の住宅で定着した背景と言える。

　日式住宅と韓国人の出合いが，日本住文化と韓国住文化との葛藤を起こしたとすれば，それは異なる住文化の共存関係の要因になったともいえる。しかし，日式住宅で葛藤と共に融合・同化が生じ，それは相互に影響を与える関係，即ち共生の関係を結ぶことへと繋がっていった。

　日式住宅のある部分は姿さえなくなっているが，ある部分は形として，ある部分は手法として，ある部分は概念として持続し，変容している。日式住宅に見られる今日の様々な姿は，その空間と住文化の共生の歩みを示しているともいえよう。

2．現代都市空間における共生

　現代の韓国住居の変容には，日式住宅の存在に起因すると思われることが数多く見られる。日本の意匠や構成要素と思われる玄関，便所，風呂，縁側，引き違い戸，ガラス戸，物干しなどが形を変えて取り入れられている。日本時代の形のままではないが，少なくとも変容の契機にはなったといえよう。

　その一方，現在の韓国住宅には必ずしも日本から原因を探せない，むしろ，集合住宅，または近代化の影響と認めた方がよい，あるいは認められている変化の流れがある。それは集合住宅の形で導入されたアメリカの住文化

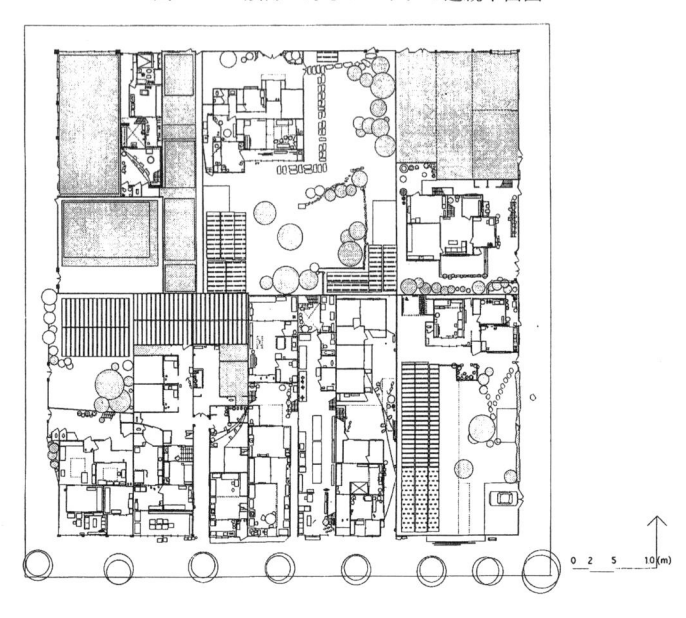

図 5-11　鎮海のあるブロックの連続平面図

である。先進国のもので，無条件に真似したい「近代的住まい」として受け入れられた。始めの短期間だけアメリカ人向けだったことも日式住宅とは異なる。集合住宅が登場してから，韓国住居のいわゆる「近代化」はきわめて激しいもので，これまでの韓国の伝統をほとんど覆すほどのものであった。

　日式住宅を通じて，「近代化」という大まかなものの中に絡み合っている日本の影響，アメリカの影響，それから韓国の住意識の変化を見ることができる。その軌跡を追うことで，激しい変化の中でも依然として続いているものもあり，ある部分では生活様式として，またある部分では空間様式として，韓国の住文化を支えている。それが近代化の要求に対処してきた韓国住文化の現在であり，それを支えてきた「ある力」は共生の主体，韓国住文化である。

第4節　異文化の共生

　今から約100年前，朝鮮半島の多くの都市に，韓国のものとは異なる一連の日式住宅が建設された。機能と用途は推測できるが，一見だけでその差は顕著であった。暖かい床暖房のオンドルに慣れていた韓国人にタタミ部屋は十分に異質であろう。襖と障子に囲まれた部屋は背中さえ寄りかかれない不安定な空間で，特に部屋の襖を開けるとまた部屋になる構成は馴染めないものであっただろう。しかし，台所の簡潔さや風呂の清潔さ，きっちり合う窓などは羨望の対象だった。やさしく言えば，韓国の伝統住宅を「自然さ」と表現すれば，日式住宅はよりシステマチックで一切の無駄を許さないものと言えよう。

　日本時代の日式住宅は支配者のものであり，限定された階層，同質化されない階層，分離された階層である日本人の住文化であった。従って，当時の葛藤は支配者と被支配者との「葛藤」で，住宅自体に対する葛藤とは言い切れない。

　しかし，1945年の日本人の退去後，日本人のために朝鮮半島に建設された日式住宅に韓国人が居住し始め，韓国の住文化（生活様式）と日本の住文化（住居空間）の直接衝突が行われた。結果は，その空間を韓国人の生活に合わせて変更する「葛藤」が発生し，ある部分は受容するがある部分は変更する，いわゆる相互作用が行われた。またその結果によって，再び相互作用が行われた。言い換えると，日式住宅で行われた異文化の葛藤・相互作用は異なる住文化の「共生」といえよう。なぜなら単に一回の葛藤と相互作用で終わらず，振り返る過程で住文化の差を越える，時代の要求に応じた「住まい方」を作り出したからである。それは「共生のあり方」と言って良かろう。

　鎮海の日式住宅は約50年以上もの間に行われた「共生の跡」を保っている。しかし開発一路で拡張している現在の鎮海は，既存市街地との共生が全くなく，短期間で激しく走り出している。その結果，日式住宅地は都市から

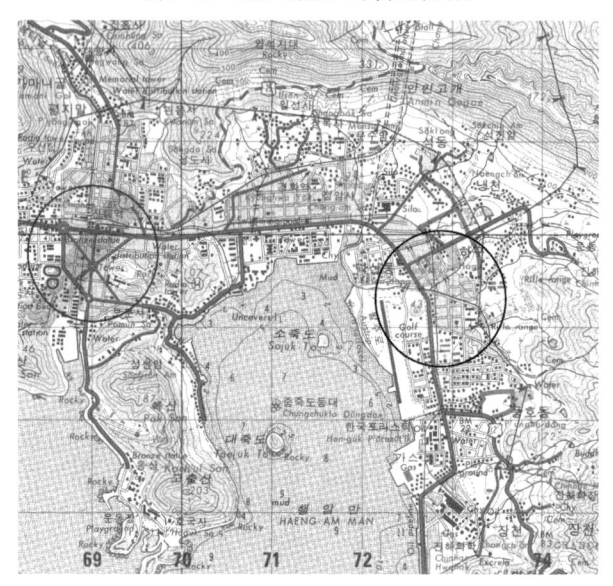

図 5-12　現在の鎮海の市街地案内図

○　日式住宅地　　○　新市街地

左側は日本時代の旧中心地で，右側は新しく開発された市街地である。（1 grid は 1 km である）

写真 5-14　中原ロータリー近辺の建物の様子
周辺の官公庁は徐々に東側の新市街地へと移り，都市の中心が移っている。

第5章　都市居住空間にみる異文化の共生　165

写真5-15　開発中の地域
新市街地は道路・都市利便施設・教育施設などの条件が良い。特に周辺都市と連結道路状況が良い。

写真5-16　新市街地にある集合住宅
韓国で一般的である集合住宅が建てられている。

外れ，スラム化の気配さえ感じられる。貸部屋のチラシが貼ってあったり，改築はもちろん建替えも行われないぼろ家，空き家，空き地がみられる。このままだと，都市居住空間としての役割を果たせなくなるかも知れない。

　現代の韓国都市居住空間に見られる住様式と住文化の多様さは，日式住宅でのそれを遥かに上回る。それゆえ，異なる形態や材料，仕上げ，空間構成や必要性などを単なる差として，受け取るか，受け取らないかの問題としてしまう傾向があり，もはや，葛藤しながら同化してきた日式住宅の共生の歩みとは違う。日式住宅の様々な変化の姿が日本住文化と韓国住文化の共生の歩みだとすると，都市の開発と拡張を追いかけている現在の鎮海には，共生のなにかが欠けている。居住者の住様式に基づいた選択結果として，現代都市居住空間での「新たな共生」が始まるだろう。

参考文献
都市住居研究会，『異文化の葛藤と同化』（㈱建築資料研究社，1995）
李賢姫，「韓国の「日式住宅」にみる住文化の持続と変容」東京大学博士論文，1995
西山夘三，『日本の住まい』（勁草書房，1976）
今和次郎，「朝鮮半島の労働者住宅をみる旅」1944
日本建築学会，「住近代史史論」日本建築学会，1989
杉山萬太，『鎮海』（鎮海印刷社，1912）
鎮海市史編集委員会，「鎮海市史」鎮海市，1992
青木正夫，「台湾における日本時代官舎の変容及び伝統的住空間の構成に関する研究」
　住宅研究年報，1989

第6章

表現される都市——上海

はじめに

　2003年秋，私は上海浦東国際空港から地下鉄龍陽駅に向かう路線バスに乗っていた。席が取れず立ったままバスに揺られていると，道路と並行する高架の上を走るリニアモーターカーが，私の乗ったバスを一瞬のうちに追い越していった。時速400 kmを超えるというそのスピードは，80年代初頭から何度となく訪中を繰り返している私にとって，あのゆったりとした"大陸的"速度感覚を根底から覆す圧倒的な速さであった。

　上海の急速な発展が驚きを持って語られるようになって久しい。私が上海の大学に留学していた80年代中頃，黄浦江をはしけで渡った東岸——浦東地区はまだ田園風景が広がるのどかな農村地帯であった。それがこの20年近くの間に超高層ビルが瞬く間に林立し，トンネルが掘られ，橋が架かり，マンハッタンかと見まがうばかりの近未来的風景（それはある意味醜悪でもあるが）が出現した。景観ばかりではない。インフラ，物流，住環境，生活水準等々，あらゆる面で上海は急速に成長し，いまやアジアを代表する巨大都市と言われている。

　かくもセンセーショナルに注目される上海であるが，しかしこの都市はただカネやモノが行き交いビジネスマンが跋扈するだけの都市ではない。人が生き，暮らしてきた空間でもある。そこにどのような都市の「物語」があるのか。都市という空間に生起し消滅していく無数の人々の悲哀や喜びや諦念，またそれらの感情に根ざした想像力が形作る都市の物語。上海にも，それがあるはずである。いや，上海にしかない物語が確かに存在する。華やか

写真 6-1　現在の黄浦江と上海市街

な外観に目を奪われていては見えてこない都市の物語，われわれは幸いそれを文学者や芸術家の営為を通して見ることができる。この都市を描こう，表現しようとする表現者の鋭い嗅覚によって，上海はどのような容貌をもって表現されたのか，表現されようとしているのか。それを知ることが本章の最大の目的である。

　ところで本書が掲げる「アジアの都市共生」という主題へのアプローチとしては，実際のところ些か遠回りになるかもしれない。文学を通して上海を論じたところで，共生社会の何らかの具体的な方策やビジョンを示すことには直接つながらないことはあらかじめ承知している。しかし上海という極めて特徴的な一つの都市をこのような形で立体的に理解することによって，われわれが「共生」という課題を掲げながら都市という得体の知れないものにどのような態度を持って対峙すべきなのか，といった原理的な部分においては寄与するところがあるのではないかと考えている。

第1節　租界都市上海

　上述のように現在の上海は超近代都市へと様変わりしつつあり，市街地の範囲も浦東地区を中心に拡張しているのだが，その都市としての本来の基盤はいうまでもなく旧時代の上海にある。列強諸国が租界を持つことによって形成されてきた，"租界都市"上海である。ここではまずその成り立ちを概観しておきたい。

　長江（揚子江）河口に南から流れ込む支流，黄浦江沿いに位置するこの地は，もとは静かな漁村であった。南宋末期の1267年にはじめて上海鎮（「鎮」は行政区画の一つで「県」の下位にある）が，元代の1277年に海上貿易を管理する役所である「市舶司」が設置され，貿易港としての役割を担い始める。1292年には，鎮を廃し県が置かれた。元，明，清朝を通じて上海は，外洋にも内陸にもつながっている優位な立地条件から貿易港として発展し，商業もある程度栄えていた。清朝は康熙帝の時代に海禁令を一部廃止し「江海関」（税関）を上海に設置，広州，厦門，寧波とともに対外貿易を担う貿易港の一つとした。

　このように清末までは海上貿易港として繁栄してきた上海であったが，本当の意味で上海の繁栄が始まるのはその後である。アヘン戦争後の南京条約の締結（1842）で上海を含む五港——上海，広州，寧波，福州，厦門の開港が認められると，3年後には上海道台（行政長官）とイギリスとの間に「第一次土地章程」が結ばれ，イギリス人による最初の租借地が生まれる。これ以降1930年代に到るまで，土地租借に関する協定は改定を重ね，イギリス以外の各国も参入した租界は段階的に拡張し続け，国際都市上海が形成されることになる。

　もっとも南京条約直後のイギリス人居留地は黄浦江岸のわずか0.56平方キロメートルの土地に過ぎず，当初は上海道台も，やっかいな外国人を県城（県役所の所在地，城壁で囲まれた本来の市街地）から離れた利用価値のない土地に隔離しておけばよいという程度の認識しか持っていなかったよう

図 6-1　租界拡張の様子

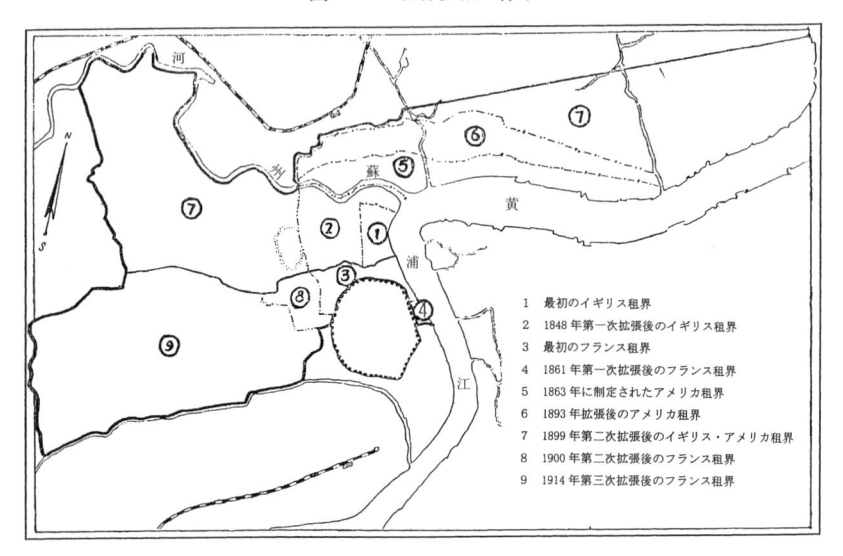

1　最初のイギリス租界
2　1848 年第一次拡張後のイギリス租界
3　最初のフランス租界
4　1861 年第一次拡張後のフランス租界
5　1863 年に制定されたアメリカ租界
6　1893 年拡張後のアメリカ租界
7　1899 年第二次拡張後のイギリス・アメリカ租界
8　1900 年第二次拡張後のフランス租界
9　1914 年第三次拡張後のフランス租界

だ。開国前夜の長崎，神戸，横浜などの港町で外国商人をうまく隔離，管理していたことを考え合わせると，外国勢力の急激な侵入を未然に食い止めるための懐柔策こそが，当時の日本あるいは中国にとって現実的な外交の肝要だったのだろう。上海も少しだけ門戸を開いておくつもりであった，だがそれはなし崩し的に門戸全開へと突き進む結果となる。その背景には19世紀から20世紀にかけての，西洋の中国に対する巨大な野望，国内の統一さえ遅々として進まない中国，その結果としての西洋と中国の圧倒的な力関係という要素があったのであり，明治維新に成功した日本とはおのずと異なる結果をもたらしたのである。

　1845年の租界出現から第二次大戦までのちょうど100年間に，租界は上海の市街地の大部分をモザイク的に覆い尽くすまでに至った。もともと「華洋分居」即ち外国人と中国人が分かれて住むことが原則であったが，やがて租界への難民流入などの事情でその原則は崩れ，事実上「華洋雑居」となる。「十里洋場」と称され租界文化が最も華やかであった1930年代，例えば1935年の人口統計では，上海総人口370万人のうち共同租界，フランス租

界合わせた租界居住者は165万人いるが,そのうち外国人人口は約7万人である。租界内でも人口比では圧倒的に中国人が多い。日本人が北四川路界隈に集中して居住していたように,共同租界の中でも各国人それぞれの居住地が大まかにあり,それぞれの文化を持ち込んで生活していた。そして外国人の何倍もの中国人が様々な形で,例えば外国人家庭の使用人であったり外国商社の社員であったり,外国人相手の商売をしていたりといったふうに租界となんらかのつながりを持ちながら租界内で暮らしている,というのが租界生活の実際的なイメージであろう。もちろん租界に対する「華界」,すなわち南市(県城から南に広がる中国人居住区)や県城も同時に上海に存在し,ここは上海の庶民が暮らすエリアである。かといってまったく租界と隔絶された地域というわけではなく,租界を上海の中心とすれば,その後背地としてやはり重要な意味をもっている。華界と租界との間には壁や関所が設けられているわけではなく,中国人はその間の往来を制限されてはいない。外灘(バンド)のパブリック・ガーデン入り口にあったと伝えられる有名な「犬と中国人入るべからず」の立て札,それこそが「華洋雑居」の現実を伝えている。

　とりわけ1932年の上海事変,37年の日中開戦と日本軍の共同租界占領を経た後は上海に流入する日本人が急増し,終戦前には10万人に達していたとされ,北四川路,虹口地区はさながら日本人街の様相を呈した。のちに触れる横光利一や金子光晴らの日本人作家が流れ込んだのももちろんこの一帯であるし,魯迅と親交があった内山完造の営む内山書店も北四川路にあった。虹口日本人街は,うだつのあがらないジャズマンたちの上海での流浪生活を描いた映画『上海バンスキング』に描かれたような,日本人の悲喜こもごものドラマが演じられた場所だった。一方で延安路を挟んで南にフランス租界,北には共同租界のイギリス人居住区が広がるあたりはヨーロッパの静かな並木道を想起させる閑静な住宅街であり,日本人街の雑然とした雰囲気とはかけ離れて「十里洋場」の「洋」たる面貌を十分に現している。もちろんここにも,イギリス,フランス,ドイツ,ポルトガル,アメリカといった各国人なりの文化を持ち込んだ生活空間があり,彼らなりの歴史と人生があったことは,上海に暮らした外国人によって書き残されたさまざまな手記

や文学作品からも我々は知ることができる。さらに 30 年代にはナチスの迫害を逃れてドイツやオーストリアから流れてきたユダヤ難民約 2 万人が上海に流入し，黄浦江沿いの提籃橋(ティーランチァオ)地区にユダヤ難民隔離区が設けられてここに収容された。

　このように租界時代の上海は平面的に見てモザイク状に色分けされた都市であったが，別の見方をするとさらに重層的な意味を持った都市でもある。例えばジャーナリズムの中心としての上海。清末から新聞雑誌や出版業が商業として成り立っていた上海では，『申報』などの大新聞からタブロイド判の大衆紙，租界で発行された英字紙など様々な新聞が発行されていた。北京の「京派文学」に対して「海派文学」と称される独自の都市型文学・文化が育ったのは上海の成熟したジャーナリズムと出版業を背景としている。

　あるいは，革命運動の中心地としての上海。外国資本の紡績工場を中心に膨大な工場労働者を抱えていた上海では，1920 年代から 30 年代にかけての革命運動の高揚とともに労働運動が盛んになる。1925 年には日系紡績工場のストライキに端を発した反帝民族運動である五・三〇事件が起こり，運動の余波は全国に波及した。中国共産党は 1921 年に上海で結成されているが，27 年には蒋介石による反共クーデターが起こり，国民党による共産党員弾圧が厳しくなる。以来，上海は地下共産党員が暗躍する地ともなり，1930 年には左翼作家連盟が上海で秘密裏に結成されている。

　さらに言えば，海運業，金融業など上海の多くの業界を牛耳っていた秘密結社，青幇(チンパン)，紅幇(ホンパン)の存在。杜月笙や黄金栄といったボスの名は上海の近代史には必ず登場するし，上海を舞台にした中国語圏のさまざまな大衆映画，小説には多くの場合上海マフィアが重要なファクターとして登場する。現在も黄浦江や蘇州河沿いに残る古い倉庫群は，その来歴をたどれば多くの場合杜月笙，黄金栄の管理下にあったものだと言われる。統一的な権力機構が事実上存在しない旧上海にはこうした地下組織が勢力を広げる下地があり，上海社会の多くの部分が青幇，紅幇に依存することによってバランスを保っていた側面がある。

　要するにいくつもの側面から上海の上海たる特徴を指摘できるのである。だがそういった錯綜する上海のいくつもの表情は，結局のところ租界という

第 6 章　表現される都市——上海　173

都市の形態に多かれ少なかれ関係しているものであり，外面的景観から社会的構造まで多様な要素を含めて「租界都市」と称することが可能であろう。大戦中の 1943 年，汪精衛政権が租界を接収し，45 年の終戦により日本人をはじめとする大部分の外国居留民が本国に撤退する。さらに国共内戦を経た 1949 年 5 月，人民解放軍が上海を占領，上海市人民政府が成立する。この時点に至って完全に租界は消滅し，上海社会を形成していた利権関係や雇用関係，ありとあらゆる資本主義的関係が共産党の指導下に解体される。ここに実質的な租界都市の機能は終わりを告げ，都市の景観と人々の記憶だけが残ることになる。

　このように租界時代の上海は異なる文化や異なる価値観を持った人々が一つの空間を共有した時代と言ってよいと思う。だから上海はある意味で極めて「国際的」で「多文化的」な都市と言ってもよい。そこで我々のテーマである「共生」に関連付けて言うなら，上海はまさに異文化の共生する社会ではなかったか，という理解も出てこよう。私も最初は単純にそのように考えていたところがあった。しかし異文化の共生ということの現代的意味を丹念に考えてみれば，それがやはり浅薄な理解だということに気づかされる。

　租界という形態は植民地とは違い，いわば借り物の土地である。租界もある意味で一種の植民地だという議論もあろうが，ここでは意識形態の違いに注目し，両者を明確に区別しておきたい。例えば金子光晴は満州に行く日本人と上海に行く日本人の意識の違いを次のように書いている。

　　日本からいちばん手軽に，パスポートもなしでゆけるところと言えば，満
　　州と上海だった。いずれも食いつめものの行く先であったにしても，それ
　　ぞれニュアンスがちがって，満州は妻子を引きつれて松杉を植えにゆくと
　　ころであり，上海はひとりものが人前から姿を消して，一年二年ほとぼり
　　をさましにゆくところだった[1]。

　植民地政策とは現地民を自国民化する政策であり，そこへ入植する国民の心理はまさに「松杉を植えにゆく」決心をして行くのである。それに対して上海へ行く日本人には暫時「ほとぼりをさます」といった程度の気軽さが

あった。日本からの距離が上海のほうがはるかに近いという理由ももちろんあろうが，それを差し引いても明らかに両者の心理には開きがある。租界だからこそ，現地民に対する関係を希薄なままにしておける。上海の中国人を日本化する必要はない。この心理はおそらく他の外国人にも共通であったはずである。したがって外国人たちは租界に住む中国人に譲歩する気もないし，現地文化を理解して共通点を見出そうとする努力すらしない。自分たちの文化をそのまま持ち込んでいるに過ぎないのである。エドガー・スノーが上海の外国人居留民に対して述べた「異民族の中に住んでいるのに，どの居留民社会も本国の何百の地方都市と同じような風にその特異性を保っている」[2]との感想も，その事実を正確に表している一例である。

「共生」という概念は，現代社会における一つの理念あるいは哲学としてはじめて機能するものだと私は考えている。異種の文化により空間が共有され，日常的な異文化接触による便宜的手法としての融合文化——それを「上海文化」と称することも可能だが——が成立したとしても，現代の我々が理想社会実現の理念として求めている共生の思想がこの時代に普遍的にあったとは考えにくい。

ただしそういうことを前提にあえて付言するなら，異文化の接触が実際にあったことは事実であるから，個人レベルでの具体的な接触の場から得られる知恵のようなもの，例えば西洋人や日本人が中国人を雇用する際に起こる文化的習慣的摩擦をどう回避するか，といった細かな知恵が，無意識のうちに共生を指向しているとするならば，それは確かに無数に存在したであろう。問題は，そういった生活の知恵レベルのものが普遍的な理念に昇華するためには大きなパラダイムの転換が必要だと思われることである。それは20世紀中国ないし東アジアの思想的主軸であった民族主義(ナショナリズム)が，共生思想といかなる意味において親和性を持ちうるか，という今日的な問題ともかかわってくるであろう。

第2節　日本文学と上海——横光利一

　次に租界都市上海がどのように描かれたかを具体的に見ていきたい。まず日本文学が上海というあらたに獲得した舞台装置をどのように扱ったのか，という点に視点を置きたいと思う。1920年代から終戦まで，日本人にとって上海は急速に重要性を帯びていき，渡航者の増加とともに上海の情報を伝える出版物も急増する。そして上海を舞台とした小説や旅行記などが日本人作家の手によって書かれ始める。谷崎潤一郎，芥川龍之介，金子光晴，吉行エイスケ，村松梢風……自らの意志で上海に渡り，上海の魔力に魅せられ，文学の題材とした作家は少なくない。その中でも1925年の上海を独特の手法で重層的に描き切ったと高い評価を受けているのが横光利一『上海』である。

　横光利一は1898（明治31）年生まれ，19歳の頃より小説を発表し始める。1923年，25歳のとき，『蠅』『日輪』が認められて文壇に身を投ずる。1924年，川端康成，片岡鉄兵，今東光らと『文芸時代』を創刊，「新感覚派」を旗揚げする。『上海』は1928年から31年まで「風呂と銀行」等の表題で断続的に『改造』に連載した長編小説で，32年に改造社から単行本として出版された。1947年，49歳で没するまでの作家活動の中で，『上海』は初期横光の新感覚派時代の到達点とされている。

　「満潮になると河は膨れて逆流した。測候所のシグナルが平和な風速を示して塔の上へ昇っていった」という黄浦江を描写した印象的な『上海』の冒頭は，例えば『頭ならびに腹』（1924）の冒頭「特別急行列車は満員のまま全速力で駆けていた。沿線の小駅は石のように黙殺された」と同じく，新感覚派の旗手らしい奇抜で力強い表現を読者の前に展開する。伊藤整によると，「荒々しい，弾力のある，しかし新鮮な印象を与える文体を，この時期の横光利一は縦横に使った」[3]。

　『上海』は主人公の銀行員参木，友人で材木会社社員の甲谷，その兄高重，「アジア主義者」の山口，これら男たちにトルコ風呂（原文のまま）で働くお

写真 6-2 横光利一（『横光利一全集』より）

杉，ダンサー宮子，トルコ風呂経営者のお柳，地下共産党員である芳秋蘭といった女性たちが絡みながらストーリーが展開する。参木はかつての恋人である甲谷の妹競子を忘れられないままお杉と曖昧な関係にあるが，芳秋蘭と出会ってその生き方に次第に惹かれていく。芳秋蘭は参木が再就職した高重の紡績工場で労働運動を組織するリーダーでもあった。やがて工場内で共産党と反共グループの労働者の対立から大きな暴動が起こるが，混乱の中で参木は芳秋蘭を窮地から救った。そして芳秋蘭とも別れ，行き場なくひとり上海をさまよう参木は再びお杉と出会うが，お杉もその時には落ちぶれて街娼に身をやつしていた。小説の最後の場面，お杉は深々と眠る参木との過去を懐かしみながら，明日暴動が収まって参木が出て行けばまた出口のない娼婦の暮らしを続けなければならない自分の境遇を恨むのである。

　この作品が描く主題は，参木という日本人が一個の人格として上海という

都市に食い込んでいくありさまである。お杉，お柳，宮子といった，いわば日本社会からはじき出された日本人女性たちが，人に卑下される職業に甘んじながら「外地」上海に淀んでいる姿，それに対して愛国心と理想を持って強く生きようとする中国人女性芳秋蘭，これらに接しながら，また高揚する労働運動，民族運動の波の中をくぐり抜けながら，参木は自己の内なる矛盾に否応なく気づかされ，混乱の中で一旦は自殺さえ決行しようとする。横光の『上海』は決して上海を舞台とした日本人社会のドラマではなく，輻輳する租界都市の真実を，そこに関わらざるを得なかった異端的日本人たちの生き方を通してえぐり出そうとした野心作なのである。

作品中に描かれる紡績工場の暴動が1925年の五・三〇事件を描いたものであることは明らかだが，この作品にはもともと時間や地点を特定できる具体的な固有名詞がほとんど書かれていない。横光自身も初版本『上海』序に，

> 私は出来得る限り歴史的事実に忠実に近づいたつもりではあるが，近づけば近づくほど反対に，筆は概観を書く以外に許されない不便を感じないわけにはいかなかった。したがって固有名詞は私一個人で変更し，読者の想像力に任す不愉快な方法さえ随所でとった[4]。

と書いている。横光が「不便」と言うのは，上海事変の翌年である初版本発表の年に，五・三〇事件そのものを忠実に活字にすることが許されない国内的状況があったからである。しかし評論家前田愛は，固有名詞が抹消されたことについて次のようなもう一つの意味を見出している。

> 金子光晴のいう「横ひろがりにひろがっただけの，なんの面白味もない街」，祖国との絆を失ってしまった人びとが吹きよせられている植民地都市のありようは，地名が消されているという負の表現から逆に鮮やかに浮かびあがってくる。それに横光は標識としての地名の集合がつくりだす座標軸によって，『上海』の言語空間が切りわけられることを怖れていたのだ。虚の言語空間を現実の都市空間につなぎとめている地名の標識を無化

することは，言語空間に射影された都市空間のイメージ群を自在に運動させることを意味している[5]。

1925年上海の歴史的事実に忠実に組み立てられるはずであった，少なくともそう作者が意図していた作品が，歴史的事実と切り離されることによって（それは偶然の産物なのかもしれないが）都市空間のイメージが高度に抽出されることになった，そういうことだろう。このことと印象主義的な飛躍した比喩の多用という新感覚派の手法とが相乗効果を生みながら，上海という都市空間の切り出しに成功していると言える。

　『上海』第44章，暴徒に逐われて夜の街をさまよう参木は，ドブ川の橋の欄干に立っているところを見知らぬ数人の中国人に後ろから襲われ，ドブ川に停留している糞尿船の中に真っ逆さまに落とされてしまう。首まで糞尿に浸りながら，参木の頭は芳秋蘭のこと，さらには故郷の母親のことなどを思い浮かべる。このシーンなどは私なりにもっとも印象深い一節である。ドブ川の「どろどろした水面」，「海から押し上げて来る緩慢な潮」，「もう誰も手をつけようとしない都会の排泄物」，そこに現れる顔の見えない不気味な中国人の群衆，糞尿の中で自らの生きざまを振り返る参木。この都市は糞尿のようにつかみ所がなく，そこに身を浮かべる参木はただもがくしかないという状況を暗示しているかのように思える。小説の冒頭にも「満潮になると河は膨れて逆流した」という描写があったが，あの黄浦江の潮流はこの小さなドブ川にも遡ってくる。前田愛は篠田浩一郎の論を引用しながら，「海・波・流れと革命の群衆のダブル・イメージが反復されるところに，『上海』の作品空間をつらぬくモチーフの一つがある」[6]と述べている。満潮の逆流が革命運動に沸き上がる群衆の暗喩とするなら，その波に揺られながら糞尿の中でもがく参木の哀れな姿は，日本人居留民がこの都市にとっては余計者であったのではないか，いずれ余計者は駆逐される運命にあるのではないか，という横光の歴史認識さえ投影されているように思われて興味深い。

第3節　中国文学と上海――茅盾，穆時英，張愛玲

　日本人作家の描いた上海はまだほかにも多様な要素があるが，このあたりで本論において関心の中心である中国文学に描かれた上海に視点を移していきたい。中国近代文学の中でも上海を舞台にした作品はもちろん枚挙にいとまがないが，いま我々が注目すべきものは，上海という都市空間を文学的手法によって効果的に浮き上がらせていると言えるような作品である。

　中国の近代文学の黎明期とされる五四時期（1919年の五四運動を中心に新文化運動が展開された時期）から1940年代までを念頭に置くなら，上海を描いた作品群はおおよそ次の三つのタイプに分類できるように思う。

　第一に，左翼文学の系譜にある社会小説。第二に，モダニズムの影響を受けた現代派の作品。第三に，そのどちらにも属さない通俗小説。

　第一の分類のうち上海を構造的に捉えることに最も成功していると思われるのが，茅盾（マオトゥン）の『子夜（真夜中）』であろう。茅盾（1896-1981）は五四時期に中国最初の近代文学結社である「文学研究会」に参加し，1930年には左翼作家連盟に加入するなど左翼の主流を代表する作家で，共産党員でもある。『蝕』三部作，『虹』，『子夜』，『林家舗子（林家の店）』，『春蚕』，『腐蝕』などの代表作がある。

　『子夜』は1931年から32年にかけて執筆し，33年に出版した長編小説である。製糸工場を経営する民族資本家呉蓀甫（ウーソンフー）と，それを併呑しようと企てる買弁資本家趙伯韜（チャオボータオ）が公債市場で対決する筋を主軸とし，上海の工業を支える周辺農村の疲弊，抑圧される工場労働者と高揚する労働運動，資本家に寄生する学者やインテリの姿態など，いくつもの場面を切り替えながら壮大な社会状況を多面的に描き出している。

　茅盾は最初から明確な主張を持ってこの長編を計画したらしく，後の講演録「『子夜』はどのようにして書いたか」[7]には3つの論点，すなわち

1. 民族資本の工業は，帝国主義経済侵略の圧迫，世界経済恐慌の影響，農村破産という環境の下では，自己保存のために，一層苛酷な手段で労

働者階級の搾取を強化すること。
2．その結果，労働者階級の経済的政治的闘争がひきおこされること。
3．そのころの南北大戦，農村経済の破産および農民暴動がさらに一層民族資本工業の恐慌をもたらすこと。

を掲げ，「中国は資本主義発展の道を歩むことはない，帝国主義に圧迫されて，一層植民地化する」ということを小説の形式で形象化しようとしたと述べている。外国資本の侵略によって民族資本が蝕まれ，それが労働者の抑圧，農村の疲弊を引き起こし，暴動の爆発寸前であるという民族の危機が上海に集約されていた。茅盾はこの危機的な上海の社会状況を多面的に図示することによって，ナショナリズムの側からその危機を警告したのである。

『子夜』はしかし，表現手法としてはリアリズムに属する社会小説であり，都市空間をある種の文学的試みによって立体的にテクストの中に再現しようという方向性は必ずしも持っていなかった。茅盾とは別の手法で上海のエトスを文学テクストそのものに立ち上げようと試みた作家はいただろうか。そう考えた場合まず念頭に浮かぶのは，1930年代の上海に現れ中国文学史上最初の本格的な都市文学と評価される，「現代派」[8]作家たち，即ち上記第二の分類である。具体的には，施蟄存（シージョーツン），穆時英（ムーシーイン），劉吶鷗（リウナーオウ）らの名が挙げられる。これらの作家は当時主流であったリアリズムの手法にとらわれず，西洋モダニズムを奔放に取り入れた。特に穆時英（1912-1940）は日本にも長く留学した経験があり，前述の横光利一はじめ日本新感覚派の影響を受けたといわれている作家である。

試みに穆時英の短編『上海的狐歩舞（上海のフォックストロット）』を概観してみたい。冒頭はこのように始まる。

上海。地獄の上に作られた天国！
上海西部，大きな月は空の端に這い上がり，大原野を照らしている。灰色の原野は，銀色の月光を敷きつめ，深い灰色の樹影と塊になった村の影をちりばめている。原野には，線路が弧をえがき，空に沿ってまっすぐに彼方の水平線へと続いている。
リンカーン路。（ここでは，道徳は足下に踏みつけられ，罪悪は頭の上へ

と高く掲げられる。）
　弁当籠を提げ，一人で歩いている。片手はズボンのポケットに入れ，自分の口から出る熱い息がゆっくりと濃い青の夜色に漂うのを見ている。
　（文中（　）は原文のまま）

　『上海』冒頭で夜の黄浦江の描写に続いて主人公が現れる場面の描写と実によく似ている。飛躍する比喩の多用も似た雰囲気があり，横光あたりの作品に強い影響を受けていることがうかがえる。しかしこの短編は，『上海』に比べて一層散文的であり，ストーリー性が欠如している。「劉有徳先生」やその息子，妻など一応は固有名詞を持った人物が登場しはするが，人物は特に重要な意味も持たず，小道具の一つに過ぎない。作者の筆はスナップショットのように，上海の夜の街の断面を一つ一つ切り取っていく。次はダンスホールのワンショットである。

　青い黄昏がホール全体を覆い，一つのsaxophone（サクソフォン）が首を長く伸ばし，大口を開けて彼らに向けて唸っている。中央のあの光沢のある床の上，揺れ動くスカート，揺れ動くチャイナドレスの裾，精巧なヒール，ヒール，ヒール，ヒール，ヒール。ふんわりとした髪の毛と男の顔。男のシャツのカラーと女の笑顔。伸ばされた腕，翡翠のイヤリングが肩にかかる。

　素早く転換する場面，リズミカルな文体，頻出する横文字，同フレーズの繰り返し……あたかもフォックストロットのステップを踏むかのように，印象主義的なテキストが流れていく。
　だが注意しておきたいのは，これは決して上海の華やかな部分だけをなぞった浮ついた文学ではないということである。『上海的狐歩舞』にも，冒頭の男が拳銃で撃たれる情景，工事現場の高い足場から人々の頭上に巨大な材木が落下する情景，道を歩く作家を老女が騙し貧しい女を売りつけようとする情景等々の「暴力」や「貧困」を示す場面が差し挟まれる。華麗なる表の顔と闇に満ちた裏の顔，大都市ならではの両義性。穆時英のテキストが紡ぎ出す韻律によって顕現する上海像も，やはり重層的な構造を持っている。

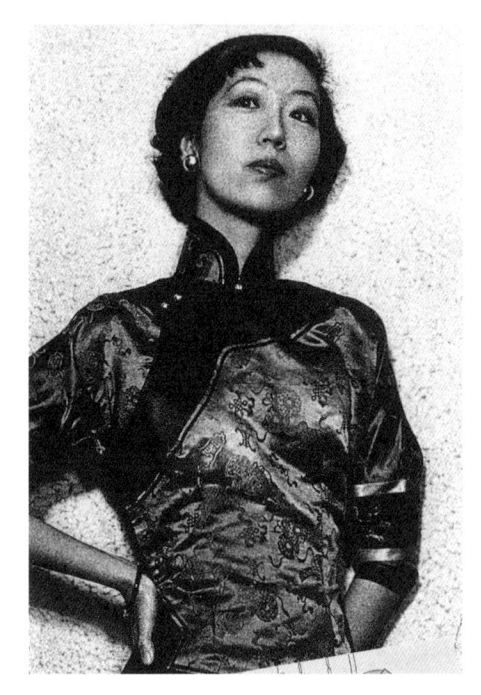

写真 6 - 3 張愛玲

　これらに対して，社会問題や都市の構造といったものにはほとんど注意を払わない才子佳人，花鳥風月の通俗文学も存在した。これが第三の分類である。これは清末頃から上海の大衆的新聞雑誌を賑わしていた「鴛鴦胡蝶派」と呼ばれるものの延長で，相変わらず上海では大衆に人気があった。しかし1940年代，日本占領期の上海で張 愛玲（チャンアイリン）(1920-1995) が彗星のように文壇に出現すると，知的読者層を取り込んであらたな都市大衆文学が展開し始めたといってもよい。張愛玲が実際に上海で活躍したのはわずか数年間に過ぎなかったが，その影響は時空を越えて大きく広がることになる。
　清朝高官を祖父に持つ上流家庭に生まれた張愛玲は，上海のミッション系女学校から香港大学に進むが，香港陥落により上海に戻り，23歳の若さで上海の文壇にデビュー，『傾城之恋』(1943)，『金鎖記』(1943)，短編集『伝奇』(1945) などを発表し注目を集める。例えば『傾城之恋』で張愛玲は，

日本軍による占領下の上海と香港を舞台に，戦況に右往左往しながら伝統的な価値観と西洋的な価値観の間を揺れ動く男女の恋を描く。幼い頃から育ってきた環境の中で育まれた文化意識，香港と上海での体験を下敷きに，若さと女性独特の感性をぶつけた作品と言える。

張愛玲は新中国成立後にアメリカに移住，その後一時期反共的な内容の小説を書いている。こういった政治的な要因もあり，新中国の教科書的文学史には取り上げられることがなく，大陸の中国人からは忘れ去られた存在であった。ところが1980年代の半ば頃になって，経済開放と思想開放に明るさを取り戻した上海の街々のブックスタンドに，忘れられて久しい張愛玲の名が忽然と甦った。張愛玲の小説は次々と再出版が始まり，情報や知識に飢えていた大陸の読者は上海の懐古的イメージと共に20代の張愛玲の語るラブロマンスに酔いしれたのである。大陸に張愛玲リバイバルブームがおとずれていた頃，張愛玲本人は移住先のアメリカで静かな余生を送っていた。自らの過去の作品が新中国をこれだけ席巻しているにもかかわらず，1995年に生涯を終えるまで人前には一切顔を出さず，自らの過去や作品については沈黙を守りつづけた。

張愛玲がどれだけ現代の中国人に影響を与えているかということの証拠は，衛慧(ウェイフイ)という若い上海作家にも見ることができる。衛慧は1999年に上海女性の奔放な生き方を描いた『上海宝貝（上海ベイビー）』[9]を発表し世間を騒がせた女性作家であるが，衛慧自身の投影でもある小説の主人公COCOは小説中で張愛玲を愛読している。『上海宝貝』自体が旧上海の懐古的イメージを強調した作品でもあるが，その中で張愛玲の名は古き良き上海を象徴する記号として存在する。あるいは衛慧は現代上海の男女を描く自らの位置づけを張愛玲と重ね合わせていると言った方が妥当かもしれない。

またこのような連繫が成立する前提として，女性の視点から描かれる上海という要素も無視できない。張愛玲の小説が描く女性たちは上海や香港という都市に自らの人生をつなぎ止め，時代の風波に翻弄されながらも女性としての生き方を強く全うしようとする人物である。そこに作者である張愛玲という女性像が重ね合わされる。こういった，いわばジェンダー文学的性格が衛慧らにインスピレーションを与えているのであろう。ちなみに次節で述べ

る王安憶(ワンアンイー)もまた女性的な視点から上海を描く作家であり、上海と女性という取り合わせはなかなか興味深いテーマだと思われる。中国のほかのどの都市をとってみても、上海ほど女性に似つかわしい都市は存在しない。上海の街のつくりから上海人の生活習慣、人生観に至るまで、あらゆる要素が女性的嗜好——繊細さや柔らかさ——に適合しているように思われる。もっともこういうことは正確に分析することが困難なので、今のところは、上海は女性的雰囲気を持っている、という程度の私見にとどめておきたい。

第4節　新中国の上海——王安憶

　以上述べたのはおもに戦前、租界時代上海の文学であるが、では、新中国成立後の上海はどのように描かれてきたのであろうか。租界の政治システムが消滅し、外国人が撤退、1949年以降は共産党による資本の国有化、社会主義経済システムの構築が進められ、都市の姿は一変し、人々の日常生活にも大きな変化がおとずれる。作家、評論家、芸術家といった創作活動に携わる人々は中国作家協会などの新しい組織に組み入れられ、国家により生活が保障される専業作家として位置づけられた。国家による生活の保障は、裏を返せば創作活動が共産党文芸政策の制限を受けるということである。党の文芸政策とは、毛沢東『延安文芸座談会における講話』(1942)を指針とし「プロレタリア階級のための文芸」を基本とするものであった。ここにおいて創作活動のあり方がドラスティックに変貌し、いわゆる「人民文学」の時代を迎えたのである。

　中国共産党の革命は本来農民起義から始まって「農村が都市を包囲する」革命であり、革命後の国家建設は都市と農村の均一化の方向にあった。もちろん都市の基本的な機能は保持され有効に利用されたので、都市が消滅することはなかったが、我々が戦前の上海に見るような、そこに文学的言説が生成するような重層的な都市空間というものは存在し得なかったと見なしていいだろう。これが1950年代から70年代までの上海の基本的な状況である。実際この30年ほどの期間は文学のテーマが公式化、また均一化し、たとえ

写真 6-4　王安憶

ば上海を舞台にした小説であってもそれは純粋に舞台背景に後退してしまい，我々が想定している上海という特別な都市の物語とは無縁のものがほとんどである。こういった状況が，文化大革命終結後まで続くことになった。

しかし 80 年代に思想解放の時代を迎えると，文芸界にもさらなる変化がおとずれ，文学の手法とテーマが多様化する。文学が何をどのように描くことができるのかという問題に直面し，文革以降に現れた作家たちは既成の枠にとらわれずに自由な発想で試行錯誤し始める。そのような中で，都市とはいったい何なのか，上海とはいかなる都市なのかという問いかけもまた，作家たちの視点の一つになった。上海を見る独自の視点を持っている作家として，ここで女性作家王安憶を取り上げてみたい。

王安憶は 1954 年生まれ，母親は著名な作家，茹志鵑(ルージーチュアン)である。南京の生まれだが 55 年に母の上海転勤によって上海に移住しているので，上海作家と言ってよい。1969 年に初級中学を卒業後，安徽省の生産隊に入隊，その後 72 年に江蘇省の文工団（党の歌舞団）に入団，そのまま文革終了を迎えて上海に戻るという経歴を持つ。短編小説『雨，沙沙沙（雨，さわさわと）』(1980)，『本次列車終点（この列車の終着駅)』(1981) で認められて本格的に

創作活動にはいり,『小鮑荘』(1985),『荒山之恋』(1988),『叔叔的故事（叔父さんの物語）』(1990) など多数の長短編小説を発表し，数々の文学賞を受賞している．現在，上海作家協会主席を務めている．

　王安憶は多作の作家であり，その作品の題材やテーマも多岐にわたっている．初期の短編『本次列車終点』は都市に戻った下放青年の違和感を描いたもので，「知識青年文学」[10]の白眉と評される作品であるし，『小鮑荘』は80年代中盤に流行した「尋根文学（ルーツ文学）」[11]の一端を担う作品である．『叔叔的故事』は1年にわたる沈黙を経て王安憶があらたな精神世界に踏み込んだ傑作だと評価されている[12]．これら王安憶作品の登場人物は現代上海の住民である場合が少なくないが，しかし意識的に上海という都市を描くことを試み始めたのは，私の考えるところでは長編『長恨歌』(1995) 以降であり，特に『長恨歌』,『妹頭(メイトウ)』(2000),『富萍(フーピン)』(2000) の三作に比較的強くその傾向が見られる．

　『長恨歌』は1940年代から80年代に至る上海の変遷を背景とする大長編で，ミス上海に入選し華やかな社交界にデビューする主人公，王琦瑤(ワンチーヤオ)が複数の男性との恋愛遍歴を経て最後には不遇の死を遂げるまでの波乱の人生を描いている．全体は三部構成になっているが，そのうちの第一部（全四章）の第一章はまだストーリーが始まらず，散文詩のような文章で上海の描写が延々と続く．たとえば上海の「弄堂(ロンタン)」（路地裏）の風景，そこに住む女性，女性の住む部屋，路地裏の噂話，こういった上海特有の雰囲気を醸し出すこまごまとした事物を話題にしながら，王安憶なりの上海の輪郭を少しずつ形作っている．王安憶はまず自らの意図する上海のイメージを読者に植え付け，その後でようやく時間を特定して人物を登場させるという手法をとっているのである．特に冒頭は上空から夜の上海を鳥瞰した「光と暗闇」のイメージを喚起させる描写になっており，光は大通りとビルの明かり，そしてその背後には深い闇が広がっているさまを述べる．暗闇はすなわち大通りから一歩入ったところに果てしなく広がる弄堂，路地裏の深淵を意味する．その深淵の中には無数の庶民の生活が存在し，無数の物語が存在することを想像させる．そうしたイメージの喚起を行いながら，やがて視点をその闇の中の一点，王琦瑤という一人の女性に集中させるのである．饒舌な前口上のよ

うでいて，実はそれがこの小説全体に非常に効果的に作用している。老いた王琦瑤が長脚(チャンジャオ)という男と口論になり絞殺される最後の場面に来て，上海の光の部分と影の部分をくぐり抜けて生きてきた王琦瑤の存在は再び深淵の闇に吸収されて埋没し，物語の循環が完結するという構造を成立させているのである。

『長恨歌』の主人公王琦瑤は前半生の華やかな部分を旧上海で送り，後半生を新中国政権下の上海で過ごすという，2つの時代を跨いで生きた女性であったが，これに対して，新中国で生まれ育った上海女性の生き方を描くのが『妹頭(メイトウ)』である。妹頭とは主人公朱秀芝(チューシウジー)の幼名で，大人になっても周りからはこう呼ばれている。妹頭は淮海路(ホアイハイルー)の弄堂で生まれ育った，中流階級を代表するごく普通の女性。学校でも特に目立つこともなく，高望みもせず，ひたすら現実的に生きる普通の女の子であった。同じ学校の男子生徒であった小白(シャオパイ)と恋愛をし，結婚する。そして改革開放の流れの中で友人の夫がやり始めた商売に手を貸すようになり，その男との不倫，そしてそれが原因で小白と離婚するという，平凡な中にも起伏に満ちた彼女の人生を，作者は淡々とした語り口で語っていく。今は評論家として名を成している小白は，別れた妹頭が中国を離れブエノスアイレスへ行ったと風の便りに聞き，その場所は彼女にふさわしいな，とふと思う。とりわけ美人でもなかったが髪型や服装に独自の個性を発揮し，周りに流されることなく強い自己主張を持っていた妹頭の行き先として，アメリカやヨーロッパの有名な都市ではなくブエノスアイレスというこの奇怪な名を持つ南米の都市はたいへん似つかわしい，と感じるのである。

妹頭という女性主人公は『長恨歌』の王琦瑤のように華々しい人生を経験するわけではなく，あくまで上海の一庶民の代表である。しかし社会主義時代の上海社会自体がそもそも王琦瑤のようなサクセスストーリーを許容しないのであるから，『長恨歌』の後を継ぐ次の時代の上海の物語を王安憶が語ろうとした場合に，一庶民を主人公として選択したことは理解できる。『長恨歌』において提示された上海の光と闇の構造，そのうち光の部分はのちの時代には明るさが大きく減退したが，闇＝弄堂の庶民生活は不変であり，むしろ闇が拡大して全体となったと考えることもできる。王琦瑤は闇＝弄堂か

ら光の中に歩み出し，歴史的要因による光の場の消滅によって再び闇に戻った。いっぽう妹頭は弄堂の中で成長し結婚し，最後にそこから自らの意志で跳び出したのである。どちらの女性も，上海という都市に縛られ，都市に生きた女性であったということができよう。

　この二作に対して『富萍(フーピン)』はやや違った角度から60年代文革前の上海を描いた作品である。この作品の主人公富萍は元来上海住民ではなく，揚州（江蘇省）農村の出身。その「奶奶(ナイナイ)」（おばあちゃん）や富萍の許婚の青年，富萍の叔父，そのほかこの作品の主要な登場人物もほとんどが上海周辺から上海に流入してきた人々である。王安憶自身もこの作品に関してのインタビューに答えて「私は自分が特に興味を持っているテーマ——移民から着手し，上海人がどのようにこの都市に集まってきたかを描写したのです」[13]と話しているとおり，現代上海の社会構造の中で大きな部分を構成する周辺地域からの移入者の物語なのである。

　富萍は長年上海で家政婦をしている奶奶を頼って揚州の田舎から出てくるが，奶奶は富萍の実の祖母ではない。富萍と結婚する約束をしている同郷の青年の祖母であるのだが，実はその青年と奶奶との関係も血のつながった祖母ではないという，複雑な農村的姻戚関係がある。富萍と青年の結婚も親戚の間で決められたことで，富萍は結婚相手とまだ言葉を交わしたことさえない。しかし実直な性格で両親もいない富萍は農村の慣習を自らの運命として受け入れ，奶奶のもとで仕事を手伝いながら結婚に備える。奶奶が住み込んでいる家は淮海路の弄堂にある中流家庭。ここでも淮海路という地名が上海の表の顔を表す記号として象徴的に使われていることに注意しておきたい。

　富萍はしばらく奶奶のもとに寄宿するが，そのうち奶奶との間に小さな感情の行き違いが生じ，やがてこうして定められている自らの将来に漠然とした不安を抱くようになる。富萍は血はつながっているが会ったことのない叔父が上海でゴミ運搬業に従事していることを思い出し，一人でその叔父を捜しに行く。叔父は蘇州河近くのバラック小屋が建ち並ぶ地区に家族とともに住んでいた。叔父の一家や近所の人々に温かく受け入れられた富萍は，やがて奶奶のもとを去り，縁談も反故にしてしまう。さらに叔父たちが住んでいる地区から近い，最下層の人々が住んでいる「梅家橋(メイジアチァオ)」という名の貧民街

第 6 章　表現される都市――上海　189

写真 6-5　現在の浙江路橋

に出入りするようになり，そこに住む一人の障害を持つ若者と知り合い，結婚してその家に落ち着く。

　富萍という農村からの移住者を主人公にすえ，周辺人物を含めた細部の描写をきっちりとこなしながら，後半に上海の貧困地区を富萍にとってのユートピアに擬して温かく描いたところに，この作品の最大の特徴がある。これまで上海文化に関する重要な発言をしている文学研究者王暁明は「淮海路から梅家橋へ」[14)]と題する論文を書き，新作『富萍』に見える王安憶の変貌に驚きを表しながら，この作品の上海描写における成果に高い評価を与えている。

　ところで富萍の叔父は蘇州河のゴミ運搬船で働いていたのだが，ゴミ運搬，糞尿運搬といった職業は一般に人口の集中する都市では欠くことのできない職業である。上海では戦前から都市のゴミや糞尿を蘇州河を経由して近郊の集積地へ運ぶ船があった。蘇州河に架かる現在の浙江路橋（ジョーチアンルーチァオ）はかつて「垃圾橋（ラージーチァオ）（ゴミ橋）」と呼ばれ，このあたりの船着き場からゴミの積み出しが行われていた。戦前にこの運搬船を取り仕切っていたのは上海の地場のボスであるが，そこから船を借りて運搬をするのは揚州などの地方出身者である。新中国になってボスはいなくなり役所の管轄になるが，それでも職業と

写真 6-6 蘇州河沿いに残る家屋

出身地の関係は大きくは変わらず，こういった職業はほとんどが移住者に委ねられていた。蘇州河沿いには彼らが住む低劣な住居が立ち並ぶ。特に現在の上海駅（当時はまだ駅がなく線路のみであった）あたりの一帯には広大なバラック地帯が広がっていたと言われている。現在では新駅の建設にともなう整備が進み見る影もないが，『富萍』の時代である1960年代はおそらくそのような景観が存続していたことであろう。

『富萍』の中にはこのような場面がある。富萍の叔父の奥さんが淮海路へ富萍を迎えに行こうとする場面である。

> こうして，叔父の妻は髪を洗い，よそ行きの服に着替え，花柄の布に木の柄のついた手提げ袋を提げて，上海へ富萍を迎えに行った。彼らは市の中心部のことを「上海」と称している。まるで彼らが依然として他省の田舎に住んでいるかのようである。

明らかに上海市内に住んでいながら，彼らバラックに住む流入者には上海という意識がない。もとからの上海の住民と流入者の間には，意識の上で大き

な壁が存在したことを想像させる。上海語には「山の手・下町」にあたる「上只角・下只角(サンツァコ・オッツァコ)」という言葉があるが，例えば蘇州河北側の閘北区あたりは昔から貧民街が広がっていた地域なので下只角ということになり，旧租界はもちろん上只角である。上只角の住民は自分たちの住んでいる場所こそが正真正銘の上海なのだという意識を多少なりとも持っているものである。

　富萍が行き着く「梅家橋」は，ゴミ運搬業者よりもさらに貧困な，クズ拾いなどをして生活をする人々が集まって住んでいる貧民街であったが，「梅家橋」は架空の地名らしく地図上には存在しない。しかしながらそのモデル，あるいは少なくとも王安憶が「梅家橋」を創出する際に念頭にあったのではないかと想像される上海の最下層地区が存在する。それは「蕃瓜弄(ファングアロン)」（蕃瓜は「かぼちゃ」の意）という地区で，やはり現在の上海駅の近辺に位置する。この有名なスラム街は1963年に人民政府が新上海建設の象徴として整備に取り組み，歴史的遺物を記念する意味で18戸のバラック小屋が保存されたという。

　私が2004年3月にここを訪れたときにはこの中にある記念館が閉鎖されていて，現在どのような状態で保存されているのかわからなかった。しかし新しい蕃瓜弄団地の入り口には立派な大理石のプレートが設置されていて，蕃瓜弄の歴史を解説する文章が刻まれていた。現在の蕃瓜弄団地は上海のどこにでもある団地と全く同じ風景であり，団地内には立派な小学校まで作られていた。しかし上海駅の近辺をくまなく歩くと，まだ部分的にかなり条件の悪い地域は存在するようで，上海駅西側から蘇州河に向かう西長安路，蘇州河沿いの光復路などにはかつての貧民街を彷彿とさせる家屋の並びも見ることができた。いずれ近い将来これらの家屋も取り壊され整備されることであろう。

　王安憶は『長恨歌』で旧上海を光と闇の構図でとらえ，『妹頭』では拡大された闇の延長としての新上海の弄堂に住む中流庶民に注目した。『富萍』は一旦そういった構図から離れ，弄堂にも住めない貧困層であり，しかし都市上海の重要な構成要素である流入者に着目した。この作品によって我々は，上海という都市の構造への理解が一層深まったというべきだろう。

おわりに

　浦東の最高層建築物である金茂ビルの展望台に登り，黄浦江をはさんだ対岸のバンドに立ち並ぶ100年前の重厚な建築群，そしてさらにその向こうに広がる褐色の家屋の稠密な集合を眺め，黄浦江のこちら側に立ち並ぶ高層建築群の風景と見比べる時，おそらく誰もがその見事な対比に驚くだろう。しかし考えてみれば，20世紀初頭の上海人も，バンドや南京路に立ち並び始めた巨大な西洋式建築物や，淮海路の優雅な西洋住宅に目を見張ったはずだ。100年前の上海の驚きと同種の驚きを，今われわれは共有しているのかもしれない。これを時間軸の上での多重性とするならば，上海という都市は空間的な多重性と時間的な多重性をともに備え始めた，ということが言えるかもしれない。

　このような都市を全面的に理解し，表現することは容易なことではない。本論で取り上げた横光利一，茅盾，穆時英，張愛玲，王安憶らの作家は，それぞれの作家特有の感性によって上海を把握し，表現しようとあらがい，ある意味では成功を収めたのではあるが，こうして上海という都市空間の複雑さに思いを致すとき，決して彼らの作品がそれだけで上海の全体像を解き明かしているわけでもなく，人間の能力の卑小さを改めて知らされる。

　都市は得体の知れない生き物だとも言える。その時代ごとの政治的，文化的状況に関係づけられながら，さまざまな表情を我々の前に見せる。それは都市という巨大な生命体を構成する無数の細胞のひとつひとつが，生身の人間だからであろう。現在の上海で我々が目にするレトロと近未来が入り混じった上海特有の風景は，都市の深層へと向かう視線をさえぎる外殻なのかもしれない。殻をめくったところに存在する，深く入り組んだ人間の関係性，それが都市の姿そのものだと言えないだろうか。上海を東西文化の入り混じるモダンな都市，あるいは商業と金融の最先端を行く近代都市と理解するのは間違いではない。しかし上海を知り尽くし，上海と対峙しようとする文学者たちの作品によって，我々はその皮相な理解を根本から揺るがされ

る。王安憶の言う深淵の闇，人々の関係が累積し時間と空間の多重性が錯綜する場。上海を表現することに情熱を傾けた文学者たちには，必ずしも容易には解読できないその深淵への強い関心があったように思う。

このプロジェクトに参加し，こうして思考をめぐらせることによって，私なりに都市をめぐる重要な問題を考える糸口をつかんだように感じる。ともすれば単なるお題目に終わってしまいがちな共生という概念に，文化研究のキーワードとして有益な内実を与えるためにあれこれ考えたが，この点ではいまだにすっきりとした解答は得られないままであり，忸怩たるものが残る。しかしこういった都市解読の作業そのものが，都市の共生という理念を考える上でいささかでも読者に方向性を示すことができたならば，筆者の一応の責は全うできたかもしれない。

注

1) 金子光晴，『どくろ杯』（中公文庫，1971）
2) エドガー・スノー，『極東戦線』（筑摩書房，1987）
3) 伊藤整，「横光利一」『現代の作家』（青木書店，1956）
4) 改造社版『上海』序（1932），ただし前田愛「SHANGHAI 1925」の引用による。
5) 前田愛，「SHANGHAI 1925」『都市空間の中の文学』（ちくま学芸文庫，1982）
6) 同上。
7) 1939年新疆ウルムチにおける講演。松井博光，『薄明の文学　中国のリアリズム作家・茅盾』（東方書店，1979）による。
8) 「現代派」という呼称は雑誌『現代』に拠った作家が中心となっているためそう呼ばれるのであって，「『現代』派」と表記するのが正しいのかもしれないが，ここでは単純に「現代派」としておく。
9) 原題は『上海宝貝』（春風文藝出版社，1999）。翻訳は桑島道夫訳『上海ベイビー』（文春文庫，2001）。
10) 文革中に「上山下郷」運動により農山村に下放した若者を「知識青年」と称し，この世代が自らの経験をもとに生み出した作品群を「知識青年文学」，略称「知青文学」と呼んでいる。
11) 80年代中盤に一時的に流行した，民族文化の根源を探求する文学作品を言う。韓少功，阿城，李鋭などの作家が現れたが，王安憶は『小鮑荘』のみがこの傾向の作品に数えられる。
12) 陳思和主編，『中国当代文学史』（復旦大学出版社，1999）による。
13) 『中国青年報』2000年10月10日。
14) 王暁明，「従"淮海路"到"梅家橋"——従王安憶近来的小説談起」『文学評論』2002年第2期。

終　章

アジアの都市共生論

　本書では,「アジアの都市共生」というテーマを掲げ, アジアの地域社会全体の発展を支えるエンジンの役割を果たす都市成長の現実の中で, フィールド調査や文献調査によって得られた知見をもとに, それぞれの視点から見た都市像の解読を進め, 成長する都市の課題を明らかとしてきた。

　それぞれ独立した章構成の中で, 言及されてきたアジア都市の共生の概念への示唆を踏まえ, ここではまとめとして, 成長する都市における共生, 即ち都市共生の今日的意味を考えてみたい。

　元来, 共生の概念や意味に関しては, 既に様々な分野で議論が進んでおり, 異種生物の相互依存関係という生物学的な意味もあれば,「国際関係の中で諸外国あるいは異文化の体系が平和的に共存することを理想とする, いわばかくあるまほしという願いを込めた価値概念」という民族共生の観点からの意味もある (片山 2003)。それらを再確認する議論は避けて, 経済成長著しい都市における共生の今日的意味を考えてみたい。第5章で述べているように, 異なる文化や異なる価値観を持った人々が一つの空間を共有する様を異文化の共生と呼ぶことには, 今日的意味は見出し難く, 浅薄な理解に留まっていると言えよう。

　ここでは, 都市における共生の概念全般を都市共生と呼ぶこととするが, 都市共生という概念は, 発展のスピードが著しく, 右肩上がりで人口が増加し, 経済も成長していく都市の課題に従来とは異なる観点で対抗するひとつの理念として機能する概念である。成長の傍らで進行する環境の悪化, 貧富の格差, 都市貧困層の増大等の課題への対応に都市全体が目を向け, 市民を参加させるための哲学とも言える。ただ, 決して都市共生を成長に否定的で後ろ向きな概念としては捉えていない。第1章の台中や第6章の上海で言及されているように, 創造的で, 都市の新たな活力を生み出す方向性のベクト

ルを内包する概念として捉えている。

　このように，都市共生の概念の今日的意義は，社会に内包される所得層や階級，生活様式が異なる異分子の集団の存在を認め，従来の成長する社会のパラダイムの転換をじわじわと徐々に促していく運動論としての側面として捉えることができる。そうした側面を意識した上で，各章で得た知見と考察，研究会・交流会議等での議論に基づき，従来の考え方や手法との相違から見たアジアの都市共生の概念の今日的意義と具体像に関して下記のような論を試みて，まとめにかえることとしたい。

1．仕組みづくりとしての都市共生 ── 廃棄物処理等の環境問題への対処

　アジアの近代化と経済発展は都市化の進行過程そのものでもある。農村から都市への大規模な人口移動を伴い，農村と都市の生活水準の格差を拡大する。農村から流入した都市移民は，劣悪な環境下で労働し生活することとなる。この過程は，既に産業革命後の欧米の都市化の過程で経験済であり，日本も程度は異なるが近代化や高度成長期に経験している。第3章のバングラデシュや第4章のベトナムのケースのように経済発展期にあるアジアの都市共生は，ひとつの要因として，こうした格差と関連して生じる問題の解消や縮小を課題とするところから始まると言える。

　第3章で言及している方法は，生活廃棄物処理の不備から生じる生活環境汚染の問題に対し，中所得層の地域社会の居住者には金銭負担を伴う廃棄物処理への参加を促し，低所得層の社会の人々には，逆に廃棄物処理が利益になる仕組みを導入する考え方が取られている。

　その場合の都市共生とは，所得階層で捉える格差そのものの抜本的解消を目指すものでもなく，シンガポール等の先進都市で見られる（ゴミのポイ捨てへの罰則といった）罰則と強制力を伴う厳格な社会ルールの施行や，平等主義的な補助金の導入といった行政手法に依存する方法でもない。むしろ，都市社会を構成する階層の格差を認識した上で，第三の柔軟な方法の導入を図ることであり，NGO等の第三者の介入により社会参加型の柔軟な仕組みを構築し，問題を軽減していく状態をつくり出していくことを意味する。

　いわば，環境汚染等の都市社会全体を覆う問題に，NGO等の第三者が介

図1　廃棄物処理等の環境問題への対処の関係づくり

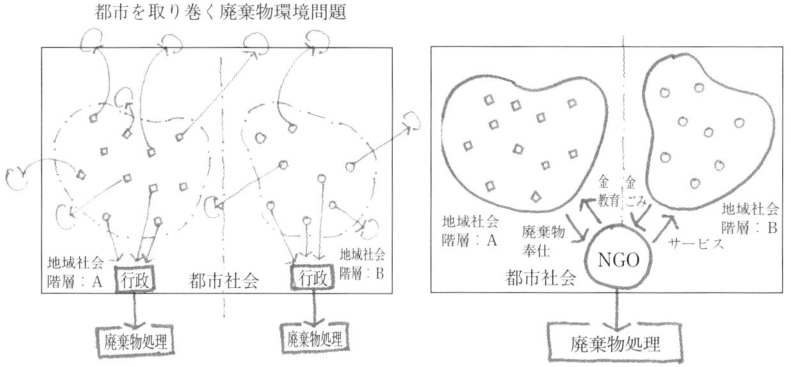

従来の行政を介した対処　　　　NGO等を介した都市共生の仕組みによる対処

入して，各社会層や地域社会のそれぞれに応分のミクロな経済メカニズムを導入し，環境問題に対処していく仕組みづくりである。ただ，第3章ではその場合の成否の鍵の一つは，それぞれの地域社会と介在するNGO等との信頼関係の構築であることを指摘している。

信頼関係が成立していることを前提とした上で，ここでの都市共生とは，換言すれば，格差のある階層ごとの集団あるいは地域社会を巻き込み，負担と受益の双方を使い分けるミクロな経済メカニズムと，個々の生活者への環境教育の導入による関心の喚起と意識啓発を促す方法であり，生活者参加型の問題解決を図る考え方でもあると言える。

2．関係づくりとしての都市共生——開発と居住・労働環境改善の連鎖

(1) 深刻化する大都市の都市貧困と居住環境の問題

繰り返しになるが，ひとつの契機として，都市化の進行と農村や外部からの新規人口の流入等により，異分子である地域社会や所得階層や生業の異なる人々の集団が一体の生活圏に内包され，相対的な格差が増幅し，そのことに起因して生活を脅かすような環境問題や人権問題を問題視することから都市共生の議論は始まる。

しかし，近年，世界中の大都市で増幅するスラムの拡大と居住環境の悪化

の問題は深刻さを増すばかりであり，その解決法が国際的なテーマとしてアカデミズムの世界でも盛んに議論されている（西村・出口 2005）。深刻な貧困層の増大は，21 世紀には農村部から大都市部へと主たる舞台を移しつつあることも指摘されている。大都市内の都市貧困と貧富格差を 21 世紀の巨大都市の住宅政策や都市計画のメインテーマにもなり得る問題として捉えることは，常に平均的都市住民（中間層）を都市住民像の中心に据えて都市計画を考えてきた日本人が最もイメージしにくく，苦手とする問題でもある。まずは，都市の実態に関する情報をその社会的経済的背景の理解とともに共有する必要があり，そのためのアジア都市研究として，アカデミズムが関与する余地がある。

いつまでも都市成長が続くものではないことは，我々日本人は既に経験済みである。市場経済のメカニズムに依存していたのでは，大都市化は，バブル崩壊期の東京がそうであったように，土地代と人件費の高騰により国際的な競争力を失い，景気とともに経済成長が失速する。もし，そうした大都市の経済成長が失速し，地域経済が破綻した場合には，都市内の貧困層の生活環境は更に恐ろしい事態になることは，容易に想像できる。

都市開発が進み，都市経済が豊かになるほどに，貧困層も増大し，格差が広がっていくのがアジア都市の全般的傾向でもある。スラム地区など貧困層の居住環境の改善には，従来の公的資金によるスクラップ・アンド・ビルドの方法のスラム地区のハードな再開発による環境改善では人的にも経済的にも限界がある。トップダウン型の中央行政主導の近代都市計画により，一部の地区に偏ってしまう都市開発を抑制し，都市化を全般的により安定的にコントロールする試みもあるが，過去のほとんどのケースにおいて，合理的な都市計画通りに当初の目標が理想的に実現したためしはほとんどない。

もちろん，都市計画等の計画は，目標がそのまま実現することだけにその効果や役割があるわけではないので，目標と結果だけの短絡的な比較をもって一概に評価はできない。一見合理的な近代都市計画が効力を持たないのは，主として，一元的なモデルで現実の都市を捉えようとすることからくる非合理性と，実社会の中でのその実現手段の乏しさに拠る。

(2) 予定調和指向から結果調和指向の都市計画へ

それでは，如何なる都市計画手法が考えられるのだろうか。米国では1980年代にサンフランシスコを始めとする都市で，成長管理政策とともにリンケージプログラムという手法が考案され，導入された。米国では都市計画でも地方分権が進んでおり，連邦法や州法に基づきながら，市レベルの地方自治体が独自の都市計画制度を施行することができる。その市レベルの策定する都市計画において，開発を促進する区域と抑制して居住環境の保全を重視する区域に政策的に区分し，開発を促進する区域では規制を緩和して開発を誘導し，民間事業者の開発利益の一部を，開発を抑制する区域の環境保全や住宅改善に回すメカニズムを導入したのである。

税収という形で開発利益を行政が徴収し，それを行政が地域格差の解消に配慮しながら，平等かつ公平に環境保全等に再分配する従来型の都市計画ではなく，直接的に開発事業者の資金を環境保全に当て，開発促進地での適度な開発の抑止と居住環境保全地の環境改善の推進をリンクさせたのでリンケージプログラムと呼ばれる。アジアの都市の場合，超高層ビルのすぐ脇にスラムが隣接しているなど，米国の都市のようにきれいで明確にモザイク状の地区分類ができないが，こうした地区相互の開発と保全の行為を直接金銭的な関係でリンクさせることで，開発と保全のバランスを図る仕組みも都市共生のひとつの方法として考えられる。

即ち，中央集権的な従来型の都市計画により，商業地区，住宅地区といったゾーニングにより厳しく土地利用を制限して，開発から上がった税収等の公的資金で地区の格差に配慮して，平等に環境保全を進める都市計画ではなく，野放図に土地開発や土地利用をマーケットに任せるのでもない第三の考え方として，異なる特性と機能を持つ地区での開発と保全の行為を関係づける仕組みを導入し，ダイレクトに関係づける方法である。

例えば，ある業務地区の都市計画の目的は，新規開発を進め業務集積を高めることであり，隣接するスラム地区は，居住環境の改善を図ることが都市計画の命題であった場合，業務地区の開発業者に開発規模に応じて，スラム地区の改善を求める仕組みがこれに当たる。開発行為と改善・保全行為に新たな直接的な関係をつくり出す仕組みを導入することで，開発の促進と環境

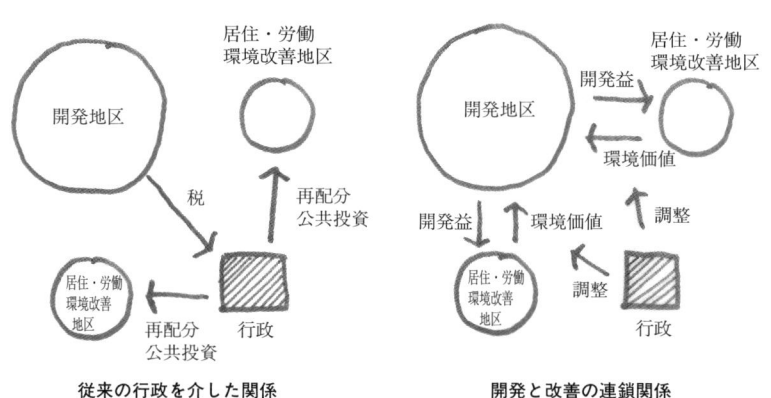

図 2　開発と居住・労働環境改善の関係づくり

従来の行政を介した関係　　　　　　　　**開発と改善の連鎖関係**

改善・保全の双方の共時的な関係をつくり出すことである。その際に，開発者側にも，問題地区の居住環境の改善が都市全体の安定した社会や価値の向上につながる意識を持ち，投資効果を見出せることが望まれる。

　近代社会に共通の仕組みとして，都市計画で土地利用を規定し，一律に徴収された税金を行政が公平性と平等性に配慮して再配分するような集権的都市計画で，居住環境の改善に対処するのでは，ダイナミックに変容するアジアの都市の居住環境の改善に，果たしてどの程度の効果が期待できるであろうか。むしろ，個々の開発と，個々の改善・保全の異なる計画課題を繋ぐ関係や開発利益の社会還元を引き出す仕組みを導入し，開発と改善・保全の双方のバランスと共時性を図るメカニズムを都市社会に創り出すことの方が効果的であるとも考えられる。

　ダイナミックに変容し，都市開発地区と居住環境改善地区がモザイク状に広大な範囲に広がるアジアの大都市では，あらかじめ全体計画目標を掲げて進める従来の予定調和的近代都市計画の効果の限界も見えている。より効果的な都市計画として，異なる計画課題を抱える近隣の地区同士をそのつど関係づけるミクロなスケールのアドホックな調整による結果調和的な都市計画が考えられる。その原理は，課題の異なる地区の相違を前提とし，地区相互に新たな関係をつくり出していくという地区共生的なる都市計画であるとも

言える。

3．双方向情報社会づくりとしての都市共生
――都市と農村の関係の活性化

　第2章では，中国における都市（消費者）と農村（生産者）の関係のメカニズムの改善に言及しているが，中国では，経済成長の蔭で取り残される農村部と都市部との所得格差は，農業や農民の社会構造的問題から拡大の一途をたどっており（王 2003），都市と農村の安定した関係づくりは社会全体に関わる逼迫した課題でもある。中国に限らず，都市と農村の双方のバランスのとれた発展は，世界各地で常に国家レベルの重要課題であり続けている。

　しかし，都市と農村の格差に関しては，課題が共有され，明解であることと中央政府による全一的な制御をもって解決が図れることとは別問題であるようである（黄 2002）。逆に，市場経済の原理に任せていても，その解消はなかなか進まないのが実状である。

　都市と農村の問題に対し，第2章では，トップダウンの仕組みや需要と供給のバランスに依存する仕組みではなく，変化する都市（消費者）のニーズと農村（生産者）側の生産方針がうまく連動するように，まずは生産者と消費者の情報の風通しを良くする仕組みの改革が必要との認識を提示した。そのためには，平等や公平性に配慮した行政の介入ではなく，NGOなりの第三者が，地域特性や社会背景に応じて柔軟に対応できる中間組織として介在し，生産（モノ）流通と情報流通双方の情報の流れをつくるメディアとなり，生産者・消費者間の情報の非対称性を解消して，ミクロな流通の活性化を進める方法が有効であると考えられる。

　アジアでは，欧米と異なる社会的背景や土地制度を持ち，小作人制度や農民の社会的地位の低さが背後にあるなど，悪循環から解消できない社会的特性がある。実際の問題は，我々の想像以上に複雑かもしれないが，都市と農村を消費者と生産者の構図として捉えることで，消費者の健康食品への意識の高まりを生産者にタイムリーに伝達し，初期投資はかかるが，消費ニーズに対応した生産方針が早晩利益につながることを生産者が学び取り，消費者・生産者双方のニーズを満足させる方向にマーケット全体を活性化させる

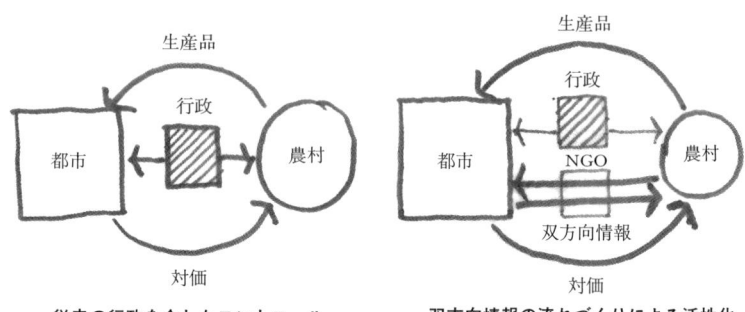

図3 都市と農村の双方向情報社会づくり

従来の行政を介したコントロール　　双方向情報の流れづくりによる活性化

ことにまず取り組むことである。

　都市での税収を農村部の環境改善に充てる従来の行政主導の富の再配分の政策は，抜本的な改善には繋がらず，問題の対処法としても必ずしも効果的ではない。都市部の消費者のニーズを読み取り，対応することで，生産利益が向上することを学び，農民教育を専門的に行うNGOなりの第三者を広く介在させて，都市と農村の間の双方向の情報の流れをつくり出し，都市と農村の関係の活性化を図るのである。こうした考えは，都市と農村の格差を公的な力による富の再配分で補ってきた従来の方法とは異なり，情報の双方向性によって両者が満足する関係を指向する新たな共生の考え方と言える。

　ただ，こうした農村との双方向情報の関係を築いていく都市共生の考えは，NGO等の仲介する情報媒体となる組織の育成や，生産者のモラルハザードの解消，農村部の人材教育の充実等の付随する条件や課題を伴う。

4．集住のコミュニティづくりとしての都市共生
―― 多様性を内包した持続性の形成

　アジアの各都市の特徴は，高密度でユニークな集住の形態や生活様式，建築様式に見て取ることができる。上海の里弄住宅やバンコクのショップハウス，日本の町屋などは，それぞれの都市が，高密度に集まって居住する伝統的建築様式と生活様式を年月をかけて考案してきた結晶でもある。この3つの建築形式とも，住むところと働くところが近接している職住近接を基本と

している点が共通するアジアの都市集住の形式でもある。

アジアの集住の特徴と共生の原理に関しては，本プロジェクトの国際研究交流会議（2003年7月4日に福岡市にて開催）で基調講演された布野修司氏によるカンポンの概念が興味深い（布野 1991）。「カンポン（Kampung）とは，インドネシア語で「ムラ」という意味であるが，都市の居住地なのにカンポンと言い，英語のコンパウンド（Compund：囲い地）の語源でもある」とのことである。

カンポン内の集住のシステムには，カンポン固有の維持管理と居住者の参加の仕組みがあり，小規模なスケールの修繕プロジェクトでカンポン内の住宅を更新している。土地の公有化や維持管理の仕組みも持ち，必ずしも閉鎖的なコミュニティではなく，よそ者の居住者にも参加を促す柔軟な地域社会のマネジメントの仕組みを持つ。

更に，布野氏は，カンポンの集住の特徴として，居住地としての多様性を内包しながら小規模なまとまりの中での相互扶助も挙げていたが，そうした生きた集住体のモデルを通じて，我々はアジアの都市の持続可能な集住の原理の存在をリアリティをもって理解することができる。気候，風土の影響も受けながら個々のユニークな集住の形態には，集まって住む上での都市共生の原理が隠されている。同じタイプ，同じ階層，年齢層の居住者だけの集住地は，米国のセグリゲーションにもそれなりの合理性が見出されるものの，一見安定しているようで，実は不安定だったりもする。

高度成長期に建設された日本のニュータウンが，同世代の居住者ばかりの集住地であるために，建設時には若手のファミリー世帯ばかりで活気があったが，その後30年を経て，一気に高齢化が進行し，小学校が不要となり，高齢者福祉のニーズが一気に高まるというアンバランスを生み出している現象は，その好例と言える。

カンポンのように，居住者の多様性を内包しながら，それを日常的なコミュニティ活動で相互補助の仕組みの中に組み込んでいき，大規模な改造よりも小規模な参加型のプロセスによる改善で，地区の環境を維持，向上していくことは，多様性を持ちながら安定した集住を維持する基本原理の一例である。多様性を内包しながら，参加の仕組みで地域社会を維持していくこと

は，都市共生の根幹的な考え方とも言える。

　これまでのアジアの都市の成長は，市街地の外延部を更に外へと広げる方向の都市拡張が主であった。自然地や郊外での開発を中心とした都市成長は，自ずと外延部の自然との共生を強要するかもしれないが，都市内部の社会における人間相互や集団相互の共生の意識を喚起することには繋がらなかったと言える。ただ，近年の日本では高齢化の進行と，都心部の地価下落もあり，都心回帰現象とも言われる人口の中心部への集中化の傾向も見られる。他のアジアの都市でも既成市街地内部での再開発による高層住宅の建設が進んでいる。こうした，都市内部に新たな人口移動が増幅される都市内部充填化の内なる方向への都市化傾向は，新旧住民の混合したコミュニティの再編を促すが，そこが居住者にとって，安全・快適で安定した集住地となるためには，安定した集住の仕組みが再構築されなければならない。

　従来の郊外ニュータウンの集住では，均一的な住戸プランを提供し，同類の居住世帯が集合することで，スケールメリットが生じ，効率の良い公共サービスが提供でき，生活水準を維持できるといった優位性も見出された。しかし，30年を経て一気に高齢化が進むニュータウンの例に見られるように，それは一過性の安定した集住の原理でしかなかった。

　それに対し，都市内部に向かう新たな居住指向を持続可能な集住地の形成につなげるには，カンポンの集住モデルに見出されるような，多様な居住者の共生を内包しつつ，全体として安定した集住の仕組みを形成する必要がある。そのためには，同類者の集住を指向した従来の仕組みとは異なる多様性を内包する集住を目指す都市共生の考えに基づいた，新しい時代に対応するコミュニティの知恵と仕組みの再評価が求められる。

5．居住空間づくりとしての都市共生——異文化空間の使いこなしと変容

　第5章の鎮海の日式住宅の例に見られるように，アジアの都市の多くは，植民地あるいは占領地としての時代を持ち，戦前に地域の伝統的な文脈とは切り離されて移殖された都市空間を内部に内包している。こうした移殖された都市空間や建築空間を如何に使いこなしていくかという葛藤と，移殖された空間の中に生活空間を獲得してきた歴史がある。

植民地時代のストックを使いこなしていく工夫の歴史がアジアの都市にはある。西欧から移植された近代的な様式の都市空間や建築内部空間をニーズに合わせて工夫を凝らして変容させ，使いこなしていく知恵がそこにはある。

第5章で取り上げている住宅内の生活史には，自然さを旨とする韓国式の住宅に比べ，無駄を許さないシステマティックな日本式の住宅との相違の間で，長年にわたる地元居住者の知恵と工夫で自然と形成された住空間には生活臭を伴う創造力がある。日本の住宅様式の空間を器として，地元韓国の様式の生活に徐々に適応させ，変容させていった，破壊でもなく，ゼロからの新たな建設でもない中庸な空間づくりとして見出せる生活 vs. 空間の次元における共生として見ることができる。

台湾で戦前に日本が建設した都市基盤や建築物は，今日的な機能を有しながら使用し続けられ，都市のストックとなっているが，公共施設としての使用と私的生活空間としての使用では，様相が異なる。公共施設としての再利用は外見的な建築様式のみを形式的に保存継承し，一定の投資により内部をコンバージョンして，オリジナルの使用法とは異なる使用とすることも可能であり，ほとんど支障はないだろう。

しかし，住宅のように私的生活レベルでは，オリジナルの建築様式の継承よりも日常的な生活のし易さが優先し，徐々に変容が進む。生活が空間に規定されることもあり，空間自身が変容すると同時に，地場の生活様式も元の空間の影響から変容し，折衷的な新たな独特の内部空間や外部景観をつくり出すのである。建築家の仕業を超えた創造的な工夫をその中に見て取ることもできる。破壊でもなく，新築でもなく，保存でもない，不思議な空間のストックが維持され，環境の観点から見ても，住宅の建替えによる大々的な廃棄物を出さず，既存の住宅ストックを使い続ける社会性に今日的意義も見出すことができる。

第5章の末尾でも触れているように，近年のアジアの各地都市に見られる現代住宅の中には，国境を越えた多様な空間様式の自由な組み合わせをエンジョイする住宅が多数見られるが，デコレーションされた空間と実生活の間に対立の概念はなく，それらは，ゼロの状態から自らの手で空間を創造する

図 4　異文化空間の使いこなしと変容による居住空間づくり

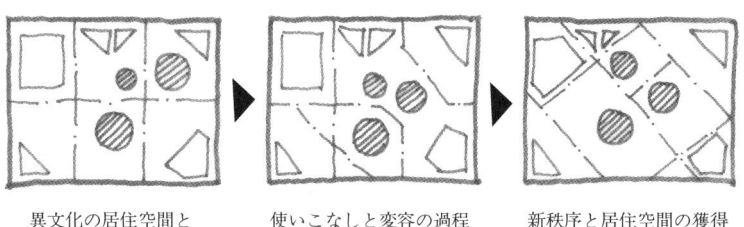

異文化の居住空間と　　　　使いこなしと変容の過程　　　新秩序と居住空間の獲得
生活様式との違和

住まいづくりであり，共生とは呼び難い。上述の鎮海の例は，丸ごと異文化の空間である基本型の中から私生活がスタートし，年月をかけて空間を使いこなしていく知恵と葛藤により，自然と折衷的な生活空間が形成される点で大きく異なる。

6．パブリックの場づくりとしての都市共生
——近代都市空間の利用と管理

　欧州の建築家により考案された高層・超高層建築のモデルは，欧州の都市内ではほとんど実現していない。戦後，全面的に再開発されたドイツの都市や，経済成長を加速させるロンドンは例外としても，欧州の都市では，都市周縁や郊外のニュータウンに主として超高層が建つ。

　超高層建築は，20世紀初頭には，シカゴやニューヨーク等のアメリカ大陸の都市で一気に開花したが，その後20世紀後半には，規模を更に拡大してアジアの都市で理想形に近い形で実現している。そうした超高層建築を伴う，現代のアジアの近代化都市の時代には，上海，香港，シンガポールなど，その超高層建築物の規模と豪華さを競い合っているようにも見える。ただ，欧州の都市では建築物はその都市を象徴するシンボルとして見る者にその力や威厳を感じさせるのに，何故かアジアの近代建築群は，都市を象徴するまでの圧倒的な力を持つように感じられないのは，筆者だけであろうか。

　その一方，都市間競争が激化する時代に建設ラッシュの超高層建築物の足元で，個性的な特徴を持ち，異彩を放つのは，屋台や露店といった仮設的な

要素とそれらが集中して創り出す賑わう空間である。

　第1章で示した台湾都市の攤販と夜市は，既存の商店街の商機能を補完するなどの相互関係を有し，特色ある商業地区としての夜市を形成している。いわゆるフォーマルセクターとインフォーマルセクターの二重構造とも言える夜市では，道路等のパブリック空間上に店を出す攤販の営業形態に，一定のパタン類型が見出せ，両者が共生している姿としても見て取れる。

　台湾の夜市には，公共空間上に展開する攤販群と既存店舗との間の関係に，異分子相互がうまく共生している都市共生の姿を見ることができるが，近代都市のパブリック空間の管理上は，攤販は基本的に非合法で営業している問題を抱えている。

　日本でも同様の状況であるが，福岡市では，2000年に屋台指導要綱を施行し，3つの屋台組合に所属している屋台に対してだけは，福岡県警が所管する道路交通法上の道路使用許可に加えて，道路法上の道路占用許可を一定の条件の下で出すことができるようになった。

　近代都市においては，一般に空間の概念定義は，その機能との1対1の関係に関連していると言え，例えば，道路は交通の機能の空間であり，住宅は居住の機能の空間として認識される。そのため，管理上は，道路は交通の機能が最優先され，それ以外の営業行為は許されないのである。このパブリック空間の管理の概念は，「パブリック」の概念の一般的理解とも関連している。日本でも公共空間というと，それはお上（警察や役所）が管理する空間であり，むしろガバメント（Government）の認識が強い。お上の管理により，我々は安心して道路上を移動することができるが，逆にお上による一元的管理は，攤販の存在を認め難いのである。

　果たして本来のパブリックの意味をどう考えたらよいのだろうかという命題に突き当たる。近代都市におけるパブリック空間の管理の問題は，アジア諸都市の屋台や露店の問題や都市の活力の問題とも関係し，公共空間の利用・占用は建前上は非常に厳しく，そこには近代都市としての管理の限界も見て取れる。

　一般に，公共空間の占用には法的な届出による許可を必要とする。パリ等の欧米諸都市では，都市に賑わいを生み出すために道路等のパブリック空間

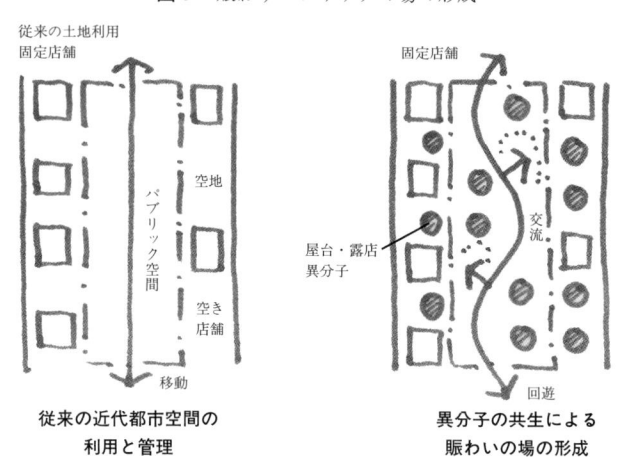

図5　賑わうパブリックの場の形成

従来の近代都市空間の
利用と管理

異分子の共生による
賑わいの場の形成

にオープンカフェを出店する等の民間による占用にも単位面積と時間当たりの料金を設定する等の合理的な管理と許可の方法で対応している。道路等の仮設的な店舗の営業にも柔軟で合法的なコントロールを行っている。

　それに対し，台湾や日本の都市では占用を原則禁止の方針で規制を厳守し，屋台や露店の存在は長年黙認してきた。しかしながら，我々が目にするようにアジア諸都市ではその方針と異なり，屋台や露店等が公共空間を占用し，都市固有の賑わいや景観をつくり出してきた実態があり，制度や規制方針と実態との間に乖離がある。このように，アジア都市のパブリック空間に関しては，アジアの都市共通の問題として空間利用の制度および実態の両面から更に解法を研究する必要がある。

　行政がパブリック空間を管理する方法は，一律の基準を設けて行うのが一般的であるが，それでは柔軟なパブリック空間の利用は厳しい。しかし，賑わってこそ都市としての意味があるわけであり，日本の多数の地方都市のように中心市街地の空洞化や衰退が進んでしまっては手遅れである。仮設的であれ，パブリック空間を利用する攤販と一般店舗の共生以外に，様々な利用形態相互の共生は，パブリック「空間」を更に社会的な意味のあるパブリックの「場」へと昇華させる。こうしたパブリック空間の利用に関わる課題

は，近代都市の活性化と管理の再考にも繋がる課題なのである。

　その課題の答えも地方都市が自らの試行を通じて，徐々に見出しつつある。近年，日本の各地で行われている地域団体が，主体的に道路空間を利用した歩行者天国やオープンカフェ等の社会実験を実施する試みや，台中市の台中市攤販設置管理自治条例の施行に見られるように，地域社会や営業者自身に主体性を持たせて，自己管理する責任と地域との信頼関係を築かせるのもひとつの解であろう。

7．独特な文化を生み出す異文化の都市共生
——租界文化と植民文化の相違

　上述では都市共生のより具体的な概念や課題を列挙してきたが，こうした異分子の共生する都市にこそ独自の文化が派生する可能性があると言える。近年では，創造的階層と呼ばれる人々は，都市に生活する中から輩出されることも力説されている（ランドリー 2003）。人間の創造的活動を生み出す都市には様々なタイプの力がある。政治力や経済力と並んで，文化を創造する力としての文化力の優劣は，都市の魅力や価値を左右する重要なファクターである。

　第6章で取り上げている上海を舞台とした芸術や文学は，異文化社会が一つの空間を共有する異文化の共生を感じ取り，租界都市：上海に固有の文学や芸術を継承しているものとも言える。インドネシア等東南アジアの植民都市が，宗主国の画一的統治で支配者と被支配者の関係が構築されたのに対し（藤巻・瀬川 2003），租界都市は複数の国家によるモザイク的土地租借で租界・華界間の自由な往来ができた。

　しかし，モザイク状の上海的な異文化の存在の仕方は，異文化が共存する必然のための相互依存のような関係にまで深化することもなく，その意味では異文化共生とまでは言えないかも知れない。固有の文化を主張するナショナリズム（民族主義）が異文化を排他することを意味するのではなく，それを超えて，多数の文化が存在する中で，異文化を自文化の存在に必要な存在として認めることから，異文化の共生という概念が生まれてくることとなる（片山 2003）とすれば，むしろ異空間と異文化を文化人が自由に闊歩できる

図6　独特文化を生み出す異文化共生 ―― 植民文化と租界文化

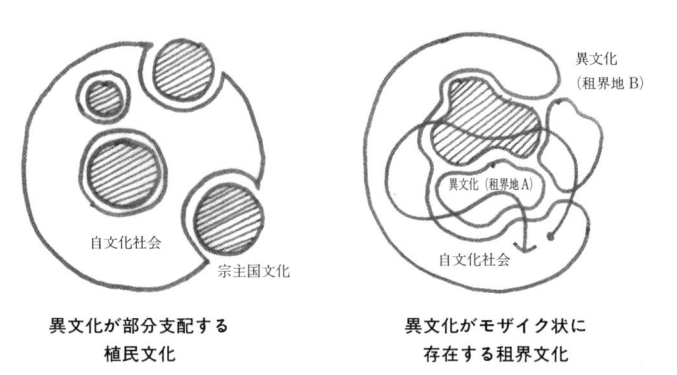

（左図）異文化が部分支配する植民文化
　自文化社会／宗主国文化

（右図）異文化がモザイク状に存在する租界文化
　自文化社会／異文化（租界地A）／異文化（租界地B）

都市の自由や上海という都市社会の複雑さに起因した文化創造の力かもしれない。

　植民都市とは異なり，同じ外国文化の影響下にありながら，選択的にそれらを受容し，体現できる自由が上海にはあった。こうした独特の状況が，独特の都市文化としての租界文化を生み出す背景となり，上海の文化力と都市文化を育てるメディアを生み出す素地になっていったとも考えられる。繰り返しになるが，第6章でも触れているように，現代でもバンド地区等に継承されている租界時代の西洋式建築や西洋住宅は，対岸の浦東地区の現代の超高層と対比させることで，上海という都市の空間的多重性や時間的多重性を感じ取れる。時代が異なる新たな異文化の共生から孵卵する新たな都市文化は，これから産み落とされていくのかもしれない。

　本章では，前章までの研究内容やプロジェクトでの議論に基づくアジアの都市共生の考え方を不十分ながら整理してみた。根源的には，アジアの都市の独特の地理，歴史と近代化の過程，近代化都市社会内の矛盾といった点が，固有の思想，都市文化，都市活動の活力を生み出す源となっている。各章の内容には，アジア都市研究のキーワードとしてまだ言及できなかった興味ある対象や事象も多数散見されるが，今後の展開に期待して終わりとしたい。

参考文献

王文亮,『中国農民はなぜ貧しいのか』(光文社, 2003)
片山隆裕,『アジア太平洋センター研究叢書 13 民族共生への道——アジア太平洋地域のエスニシティ——』(九州大学出版会, 2003)
黄 平,『中国農村の近未来—— 人口流動化のなかで』「アジア新世紀 3 アイデンティティ」(岩波書店, 2002), pp. 183-192
西村幸夫・出口敦,『アジアの巨大都市の居住と都市計画』「学術の動向 2005 年 3 月号」日本学術会議, 2005. 3, pp. 32-36
藤巻正己・瀬川真平,『現代東南アジア入門』(古今書院, 2003)
布野修司,『カンポンの世界——ジャワの庶民住居誌』(パルコ出版, 1991)
チャールズ・ランドリー,『創造的都市——都市再生のための道具箱』(日本評論社, 2003)

あとがき

　本書は，財団法人アジア太平洋センター第8期自主研究のひとつである8Aプロジェクト「アジアの都市における共生社会のビジョン」（研究主査：出口敦九州大学助教授）の研究成果をまとめたものである。
　当プロジェクトは2002年より2年間にわたって実施され，都市計画，環境，経済，公衆衛生，文学などのさまざまな分野から具体の都市を対象としたフィールド調査を進め，文化，歴史，風土を背景としたそれぞれの都市の固有性を踏まえた上で，アジアの都市における共生社会の具体像に関して考察した。
　ここにあらためて本プロジェクトに参加された先生方にお礼を申し上げるとともに，プロジェクトの企画段階から実施に至るまで，さまざまなご教示，ご協力をいただいた各団体及び関係者の方々に，この場を借りて心からお礼申し上げる次第である。
　なお，本書の出版にあたっては，藤木雅幸編集長をはじめとした㈶九州大学出版会の方々にご尽力をいただき，多大な労をおかけした。ここに関係者を代表して心から感謝の意を表したい。
　最後になるが，財団法人アジア太平洋センターは，1992年の設立以来，アジア太平洋地域における「異なる文化理解」と「地方発展」を基本テーマに，自主研究，研究助成などさまざまな事業活動を通じて，独自の研究者ネットワークを生かした国際的な学術研究交流を推進してきたところであるが，2004年4月，財団法人福岡都市科学研究所と統合し，「財団法人福岡アジア都市研究所」として，新たなスタートを切った。今までのご支援に心から感謝申し上げるとともに，引き続き新たな財団にも同様のご支援をいただければ誠に幸いである。

　　　　　　　　　　　　　　　　　財団法人福岡アジア都市研究所
　　　　　　　　　　　　　　　　　会長　石川敬一

巻末資料

㈶アジア太平洋センター
自主研究8Aプロジェクトの概要

[研究テーマ]
アジアの都市における共生社会のビジョン

[趣旨／目的]
　アジアでは大都市が拡張し，高密度化する一方で，深刻で複雑な都市問題が内在している。近代化の枠組みによる問題解決に限界が現れつつある中，新たな対応として，「共生」の概念が注目されている。人工と自然の共生，古いものと新しいものの共生など，異種，異質な組織や人やモノ相互の存在のあり方が，新しい都市社会の形成や都市活動にどのような意味を持つか関心が高まっている。
　本研究では，異種，異質なモノや人が混在するアジアの「都市」を対象にした共生する社会像へのアプローチを試みる。そのために，都市計画，福祉，経済，教育，文学などのさまざまな分野から具体の都市を対象としたフィールド調査を進め，文化，歴史，風土を背景としたそれぞれの都市の固有性を踏まえた上で，アジアの都市における共生社会の具体像に関する論考を進めていく。

[研究会構成]　　　　　　　＊所属・役職などは2004年3月31日現在，順不同
（研究主査）　出口　　敦　九州大学大学院人間環境学研究院助教授
（共同研究者）新谷　秀明　西南学院大学文学部教授
　　　　　　　松田　晋哉　産業医科大学公衆衛生学教室教授
　　　　　　　三宅　博之　北九州市立大学法学部教授
　　　　　　　李　　賢姫　韓国・暎園大学校建築・室内建築学科副教授
　　　　　　　王　　志剛　中国・中国人民大学農業経済系副教授

[研究期間]
　2002年4月1日～2004年3月31日

自主研究8Aプロジェクト活動実績

［第1回研究会］
 実施日：2002年5月11日
 会　場：アジア太平洋センター会議室
 内　容：研究概要説明，意見交換

［第2回合同研究会］
 実施日：2003年1月25日
 会　場：アジア太平洋センター会議室
 内　容：研究報告

［第3回合同研究会］
 実施日：2003年7月4日
 場　所：アクロス福岡会議室
 内　容：研究報告

［国際研究交流会議］
 本研究をより広い観点から討議し，研究関連情報を広く市民等に還元するため，研究メンバーを中心にシンポジウムを開催
 実施日：2004年7月4日
 会　場：アクロス福岡
 テーマ：アジアの都市における共生社会のビジョン
 内　容：基調講演：「カンポンの世界―アジアの都市の共生原理」
　　　　　　布野　修司（京都大学大学院工学研究科助教授）
　　　　　パネルディスカッション
　　　　　コーディネーター：出口　敦
　　　　　パネリスト：新谷　秀明
　　　　　　　　　　　松田　晋哉
　　　　　　　　　　　三宅　博之
　　　　　　　　　　　李　賢姫

[第4回合同研究会]
実施日：2003年11月29日
会　場：アジア太平洋センター会議室
内　容：研究報告，総括

＊各自，対象国において現地調査を実施

編著者紹介

出口　敦（DEGUCHI Atsushi）九州大学大学院人間環境学研究院都市・建築学部門　助教授
1961年東京都生まれ。東京大学卒業，東京大学大学院工学研究科都市工学専攻博士課程修了（工学博士）。東京大学助手を経て，1993年より現職。専門は都市計画，都市設計。景観，土地利用，サステナブル・シティ，コンパクト・シティ，屋台・露店等のアジア都市の仮設空間等を研究。著書は『市街地再生と持続可能なまちづくり』（共著，学芸出版），『まちづくりデザインのプロセス』（共著，日本建築学会），『都市美』（共著，学芸出版）など。

執筆者紹介

王　志剛（WANG Zhigang）中国・中国人民大学農業・農村発展学院　副教授
1965年中国遼寧省生まれ。北京農業大学卒業，九州大学大学院農学研究科農政経済学専攻修士・博士課程修了（農学博士）。九州大学助手，中国南開大学経済研究所副研究員を経て，2003年10月より現職。専門は農産物流通，食品安全性，フードシステム，アグリビジネスなどに関する理論と実証を研究。著書は『中国青果物卸売市場の構造再編』（九州大学出版社），『東アジアにおけるフードシステムの交差』（共著，九州学術出版振興センター）など。

三宅　博之（MIYAKE Hiroyuki）北九州市立大学法学部　教授
1957年兵庫県生まれ。一橋大学大学院社会学研究科博士後期課程単位取得退学。北九州市立大学（旧北九州大学）法学部講師，同助教授を経て，1999年より現職。専門は南アジア地域研究，社会地理学，都市環境論。バングラデシュにおける清掃人研究，バングラデシュの環境教育のあり方。著書に『バングラデシュの海外出稼ぎ労働者』（共編著，明石書店），『開発援助とバングラデシュ』（共著，アジア経済研究所），『アジアからのメッセージ——アジア，南アジア，そしてインド』（共著，嵯峨野書院）など。

松田　晋哉（MATSUDA Shinya）産業医科大学公衆衛生学教室　教授
1960年生まれ。産業医科大学医学部卒業，フランス国立公衆衛生大学校卒業。産業医科大学助手，講師，助教授を経て，1999年より現職。専門は公衆衛生学。著書に『人間福祉の発展をめざして』（共著，勁草書房）など。

李　賢姫（LEE Hyonnie）韓国・暁園大学校建築・室内建築学科　副教授
1964年生まれ。韓国・漢陽大学校卒業，東京大学大学院博士課程修了。韓国建設技術研究院研究員，又松大学校助教授を経て，1997年より現職。専門は建築計画，住居文化論。

新谷　秀明（SHINTANI Hideaki）西南学院大学文学部国際文化学科　教授
1961年京都市生まれ。神戸大学卒業，神戸大学大学院文学研究科修士課程修了。大学院在学中に中国・復旦大学に留学。西南学院大学講師，助教授を経て，2003年より現職。専門は中国現代文学。巴金などの現代作家研究，および上海を中心とした都市文学論を主な研究テーマとする。著書に『中国現代文学と九州』（共著，九州大学出版会），訳書に『余秋雨精粋——中国文化を歩く』（共訳，白帝社）など。

〈アジア太平洋センター研究叢書 16〉
アジアの都市共生
――21世紀の成長する都市を探求する――

2005年9月28日　初版発行

　　　　　編著者　出　口　　　敦
　　　　　発行者　谷　　隆　一　郎
　　　　　発行所　(財)九州大学出版会
　　　　　　〒812-0053 福岡市東区箱崎7-1-146
　　　　　　　　　　　　　　九州大学構内
　　　　　　　電話　092-641-0515（直通）
　　　　　　　振替　01710-6-3677
　　　　印刷／九州電算㈱・大同印刷㈱　製本／篠原製本㈱

© 2005 Printed in Japan　　　ISBN4-87378-880-3

〈アジア太平洋センター研究叢書〉

1	タイの工業化と社会の変容 ――日系企業はタイをどう変えたか――	小川雄平 編著	A5判 158頁 2,800円
2	現代タイ農民生活誌 ――タイ文化を支える人びとの暮らし――	丸山孝一 編著	A5判 240頁 3,200円
3	国土構造の日韓比較研究	矢田俊文・朴仁鎬 編著	A5判 440頁 5,000円
4	アジアの都市システム	松原 宏 編著	A5判 352頁 3,400円
5	地域企業のグローバル経営戦略 ――日本・韓国・中国の経営比較――	塩次喜代明 編著	A5判 308頁 3,200円
6	アジアの社会と近代化 ――日本・タイ・ベトナム――	竹沢尚一郎 編著	四六判 324頁 2,800円 (日本エディタースクール出版部刊)
7	アジア都市政府の比較研究 ――福岡・釜山・上海・広州――	今里 滋 編著	A5判 396頁 3,800円
8	高齢者福祉の比較文化 ――マレーシア・中国・オーストラリア・日本――	片多 順 編著	A5判 220頁 2,800円
9	中国東北の経済発展 ――九州との交流促進をめざして――	小川雄平 編著	A5判 232頁 2,800円
10	21世紀の観光とアジア・九州	駄田井 正 編著	A5判 232頁 2,800円
11	アジア太平洋時代の分権	薮野祐三 編著	A5判 188頁 2,800円
12	台湾における技術革新の構造	永野周志 編著	A5判 270頁 2,800円
13	民族共生への道 ――アジア太平洋地域のエスニシティ――	片山隆裕 編著	A5判 306頁 2,800円
14	雲南の「西部大開発」 ――日中共同研究の視点から――	波平元辰 編著	A5判 256頁 2,800円
15	東アジアのコーポレート・ガバナンス ――中国・韓国・日本における現状と課題――	森 淳二朗 編著	A5判 316頁 2,800円

(表示価格は税別)

九州大学出版会